ぐるり29駅からさんぽ

山手線謎解き街歩き

清水克悦
SHIMIZU Katsuyoshi

JIPPI Compact

実業之日本社

はじめに

山手線の読み方は「やまのてせん」ですが、「やまてせん」と呼ぶ人がかなりいるようです。路線名自体も、面白い謎といえます。

山手線は一周三十四・五キロの、都心をぐるりと巡る環状線で、ひとまわり乗車すると約一時間かかります。早朝の四時台から深夜の一時台まで、平均して二〜四分間隔で運行されており、乗降客数日本一の新宿駅、列車の発着本数が日本一の東京駅、歴史の古さ日本一の品川駅と、多彩な由縁を持つ駅も数多くあります。CMソングの歌詞にもなっている黄緑色の車両もおなじみで、二〇一五年秋には待望の新車両も登場する予定です。

このように、路線そのものも話題に事欠かない山手線ですが、二十九の駅最寄りの街はそれぞれ、東京の成り立ち、江戸期の歴史に、深い関わりを持っています。新宿御苑や代々木公園、皇居、上野公園といった著名な名所旧跡が代表的ですが、それ以外にも神社仏閣、史実の舞台、宿場町に街道、近代化遺産など、どの駅からも徒歩圏にさまざまな見どころが点在しています。

本書は『山手線謎解き街歩き』と題して、それら見どころの蘊蓄《うんちく》や由緒、背景、伝説を紹介し、訪ね歩く際に興味を持っていただくための、散歩の副読本です。各駅からおよそ一キロ以内、歩いても数時間程度の範囲から取り上げていますので、思い立ったら途中下車して訪れてみるのに向いています。各駅からのコース紹介に加え、簡単な地図も掲載していますので、本を片手に歩き回るのもおすすめです。

山手線は、普段は通勤や通学で使っているおなじみの路線でしょうが、乗換え駅や目的地の最寄り駅で下車するぐらいがほとんどではないでしょうか。未知の駅での下車は、未知なる街歩きの第一歩。駅から始まる、謎を解きながらのぶらり散歩はいかがでしょうか。さまざまな駅から小さな散歩を積み重ねていけば、江戸・東京の街と歴史が見えてくるはずです。

清水克悦

《目次》

カバーデザイン・イラスト／杉本欣右
本文レイアウト／Ｌｕｓｈ！
地図製作／㈱千秋社

山手線謎解き街歩き・駅さくいん図

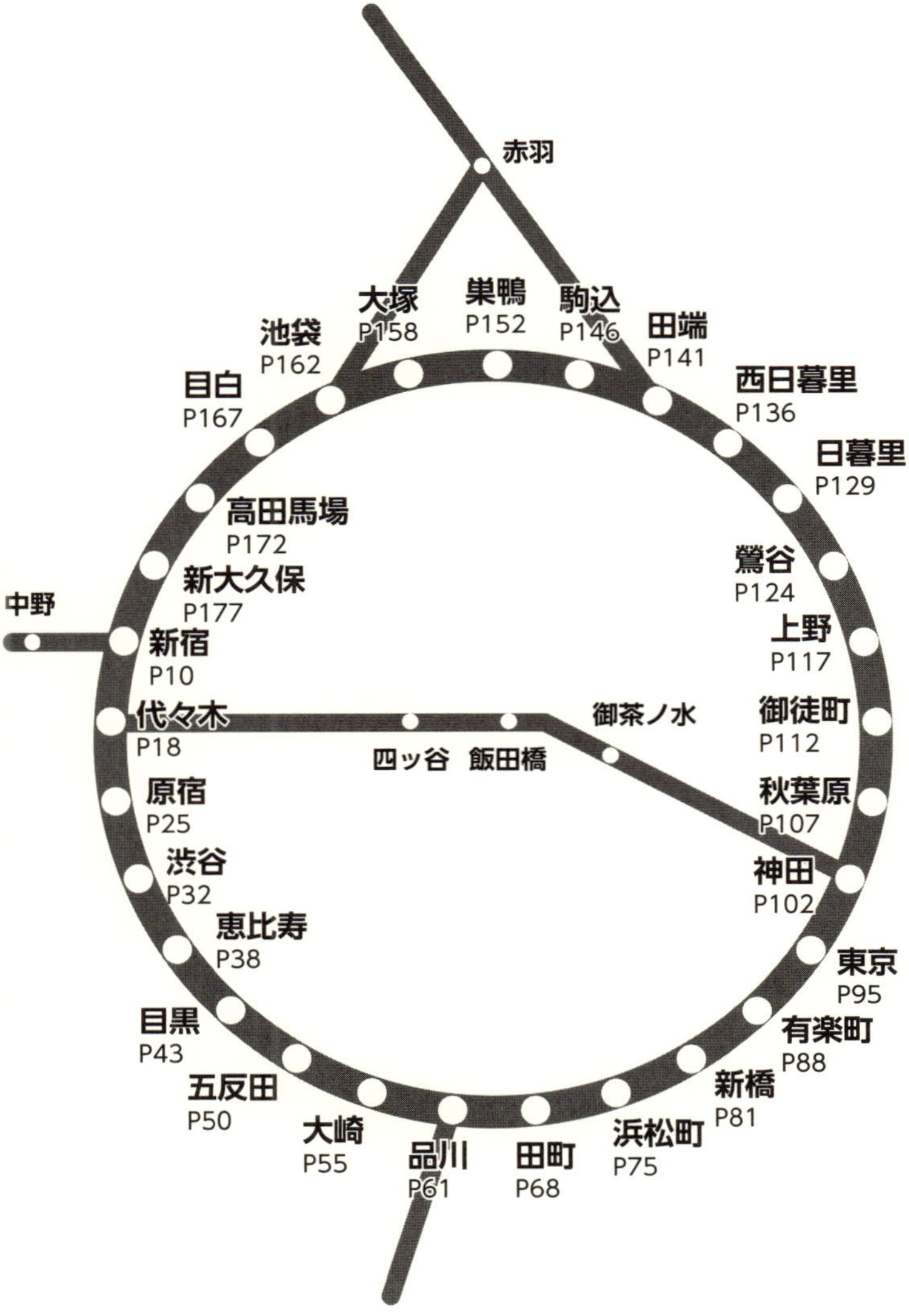

赤羽
大塚 P158
巣鴨 P152
駒込 P146
田端 P141
池袋 P162
西日暮里 P136
目白 P167
日暮里 P129
高田馬場 P172
鶯谷 P124
新大久保 P177
上野 P117
中野
新宿 P10
御徒町 P112
代々木 P18
御茶ノ水
四ッ谷
飯田橋
秋葉原 P107
原宿 P25
神田 P102
渋谷 P32
恵比寿 P38
東京 P95
目黒 P43
有楽町 P88
五反田 P50
新橋 P81
大崎 P55
品川 P61
田町 P68
浜松町 P75

新宿駅

新宿
しんじゅく
代々木　新大久保
Shinjuku

広大な浄水場の跡に建つビル群を抜けて都会の中の古社寺を巡る

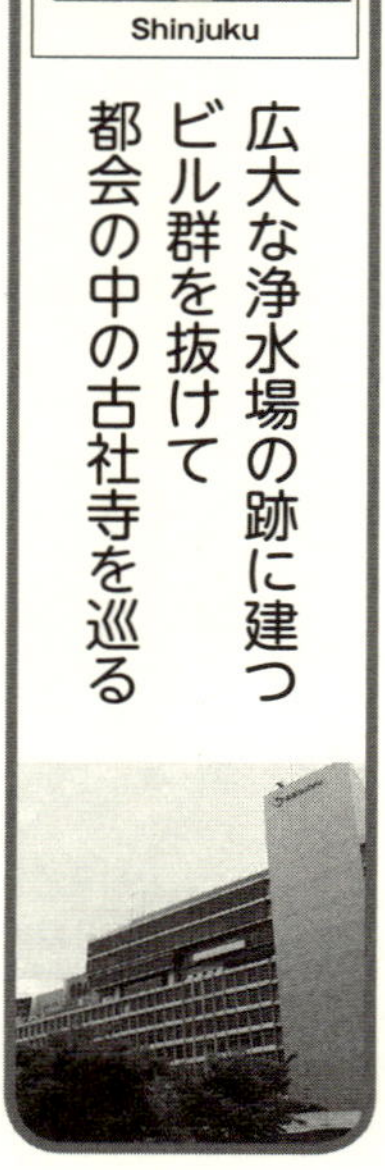

平成三年（一九九一）に都庁が新宿に移転しました。これを境に、新宿副都心は新宿新都心ともいわれるようになりましたが、江戸時代、都庁がある西新宿あたりは甲州街道（国道二十号線）の宿場の内藤新宿《ないとうしんじゅく》から離れていましたので、寂しい農村地帯でした。

新宿駅西口に出ると、当時のそんな閑散とした光景など想像もできない、近代的なビル群がそびえ立つ「新都心」らしい様が目に飛び込んできます。ぜひ登ってみたいのが、都庁の展望室。第一本庁舎の展望室専用エレベーターで、一気に四十五階へ。二百二メートルの展望室からの眺めは、北東に東京スカイツリー、南東に東京タワー、南西方面に新宿パークタワー、東京オペラシティ、西に富士山の

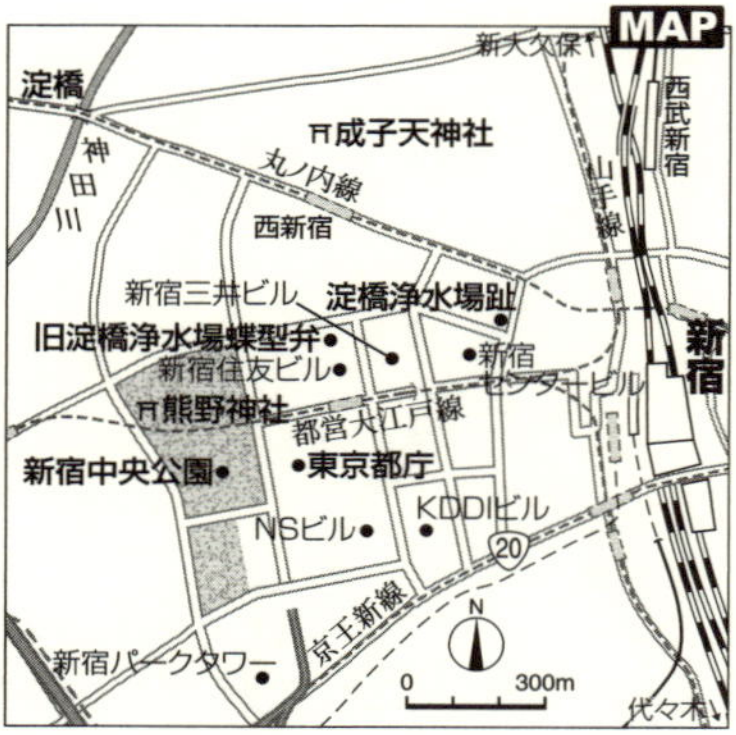

眺めを期待していいでしょう。しかも入室料は無料です。

高層ビル群がある場所は昭和四十年（一九六五）まで淀橋《よどばし》浄水場でしたが、その名残はいまではほとんど見られません。新宿中央公園内の新宿ナイアガラの滝・白糸の滝は、水が豊富だった地のイメージを生かして設けられた人工の滝です。

一角に建つ熊野神社のあたりは景勝の地として知られ、多くの文人墨客が訪れました。神社の鳥居の傍らにある、嘉永四年（一八五一）に建てられた十二叢《じゅうにそう》の碑に、当時は江戸西郊の名勝の地であったと刻まれています。かつて熊野神社の境内は広く、東に滝、西に大きな池を配していました。浮世絵師の歌川広重《うたがわひろしげ》も、『名所江戸百景』の熊野十二社《じゅうにそう》に滝と池を描いていますが、滝は明治二十六年（一八九三）に淀橋浄水場の建設が始まるとなくなり、池もその後の一帯の開発に伴って姿を消しました。

本殿の裏手には、江戸時代の幕臣で狂歌師の大田南畝《おおたなんぽ》が文政三年（一八二〇）に寄進した手水鉢が置かれ、これに「十二叢祠」と刻まれています。紀州熊野の十二所権現を勧請して一つの社にまつった、いわゆる相殿にしたので、十二相殿といったことから、十二相、十二叢、十二社などと書いて「じゅうにそう」と読み、この付近の地名にもなりました。社殿は、太田道灌《おおたどうかん》や徳川家康が修理したとも伝えられています。

熊野神社を巡った後、青梅街道沿いにはビルの谷間に小さいながら成子《なるこ》天神社など特徴のある三つの寺社がありますので、これらを巡りながら新宿駅に戻れば、新都心を知るいいコースです。高層ビル群とこれらの古い社寺の史跡の対比が、発展した街の今昔を伝えるものとして印象的です。

中野長者と渡辺家、熊野神社の伝説はどちらが本当？

熊野神社創建の由縁は、伝説によると応永年間（一三九四〜一四二七）に、紀州熊野にまつられた十二所権現を鈴木九郎《くろう》なる人物が勧請したことに由来しています。九郎は紀州熊野の出身で、熊野神社の神官を務めていました。九郎がいまの中野坂上にある成願寺《じょうがんじ》のあたりに住み着いたときは、一帯は未開の原野。九郎は荒地を開き、馬を飼って生業としました。

あるとき、育てた馬を下総《しもうさ》（千葉県の北部および茨城県の一部）の馬市で売った、一貫文のお金を浅草の観音様に奉納したところ、その後家運が良くなり巨万の富を得ました。神仏の御恩と感じた九郎が建てた小祠が、十二社熊野神社です。九郎は

熊野神社

村人の尊敬を受け、中野長者と呼ばれるようになったというのが、中野長者伝説です。

ところが、熊野神社北側の角筈《つのはず》村（西新宿一帯の旧地名）代々の名主だった、渡辺家の伝承によると、先祖の与兵衛は天文～永禄年間（一五三二～一五六九）の熊野の乱に際し、熊野神社の神宝一物を持ってこの地に逃れて住み、この地を開拓して熊野神社を建立したといい、熊野神社に関する古文書も多く伝わっています。果たして真実はどちらでしょう？

浄水場の名の由縁となった淀橋は結婚のときは通行は御法度？

江戸時代、飲用水は多摩川の羽村《はむら》取水堰から取水し、四十三キロの水路（玉川上水）を造って江戸へと引き、市中には木製の水道管を張り巡らして給水していました。明治になってもこの玉川上水が、東京の飲み水を賄《まかな》っていましたが、明治十九年（一八八六）にコレラが大流行し、九千八百人もの死者が出ました。飲用水に原因があるのは明らかで、外部から汚染されないように鉄管などを使い、ろ過・消毒を行って飲用に適する水を、圧力をかけて広い範囲に常に供給できる近代水道の設置が必要になりました。

浄水場の建設用地としては、自然流下で給水するため、東京市街のどこよりも標高が高く、かつ広い平坦地が必要でした。角筈は海抜が四十メートルあり、まさに適地でした。

当時の東京市では、政府がオランダから招いた技師ファン・ドールンらの意見書や設計所に基づき、浄水場の建設に着手しました。工事は明治二十五年（一八九二）に始められ、六年後の明治三十一年に玉川上水を引き入れて近代水道が完成しました。淀橋浄水場では水を沈殿濾過して浄化し、新宿区の大部分と千代田区、中央区、港区、文京区、台東区、渋谷区、中野区、北区、荒川区の一部に給水していました。もちろん、コレラ対策は十分でした。

浄水場の名である淀橋は、近くに架かっていた橋の名からとりました。東京市が昭和七年（一九三二）に三十五区制を敷いたとき、この橋名をとって淀橋区ができた由緒ある橋です。下を流れる神田川が、新宿区と中野区の境界になっています。

この橋は、かつては「姿見ずの橋」ともいいました。浅草の観音様のご利益で財をなした中野長者が、夜半に財宝を下僕に背負わせて出かけた帰り道、埋蔵した宝の秘密が漏れるのを恐れるあまり、この橋で下僕を殺害して神田川に投げ捨てたと伝えられています。村人たちはいつも出かける下僕の姿は見るものの、帰ってくる下僕の姿を見なかったということから、誰いうともなくそう呼ぶようになりました。

人々はこの橋に不吉の念を抱き、結婚の際に新郎、新婦はこの橋を渡るのを避け、上流または下流の橋を迂回しました。この迷信は大正二年（一九一三）まで続いたそうです。

新都心の高層ビル群の一角に淀橋浄水場の名残があった!!

大正十二年（一九二三）の関東大震災により、東京の下町は壊滅状態になりましたが、武蔵野台地の東端に位置する新宿はほとんど被害を受けませんでした。このため、住宅を求める人々が西新宿一帯に流入してきました。人口が増加してくると、巨大な淀橋浄水場が西口の発展の障害になってきました。昭和の初めには移転の要望が出されていますが、戦争で中断してしまいます。

具体化するのは戦後まもなくの頃、淀橋浄水場を移転させ、空いた広大な敷地に高層ビルなどを建設し、一大商業

淀橋浄水場で使われていた巨大なバルブ（蝶型弁）

浄水場正門跡に置かれた淀橋浄水場趾碑

エリアにするという新宿副都心計画が策定されました。東村山浄水場に淀橋浄水場の機能を移転させたのは、昭和四十年（一九六五）のこと。移転は好判断で、三十四万平方メートル（約十万坪）という広大な敷地に造られた副都心は、東京を活性化させました。

昭和四十六年（一九七一）に京王プラザホテルが建設されたのを皮切りに、新宿住友ビル、ＫＤＤＩビル、新宿三井ビルと、一九七〇年代から八〇年代にかけて、次々に高層ビルが建設されました。平成三年（一九九一）には、東京都庁が丸の内から移転してきました。

高さ二百メートルを超える高層ビルは、東京都庁舎第一本庁舎（二百四十三・四メートル）、新宿パークタワー（二百三十五メートル）、新宿センタービル（二百二十三メートル）など八棟。新宿住友ビルの北側にある、浄水場で使われていた巨大なバルブ（蝶型弁）のモニュメントと、新宿エルタワー裏にある「淀橋浄水場正門趾」の碑に、かつて都民の喉を潤した浄水場の名残が見られます。

成子天神社の境内では富士崇拝と七福神巡りが一気にできる？

菅原道真《すがわらのみちざね》をまつる成子天神社は平成二十五年（二〇一三）に再建されたばかりですが、始まりは古く延喜年間（九〇一～九二三）。建久八年（一一九七）に、源頼朝が社殿を造営し

成子天神社・富士塚

たと伝えられています。寛文元年（一六六一）に、現在地よりも北寄りの旧柏木《かしわぎ》村（北新宿付近）から現在地へ移転し、旧成子町の鎮守となりました。

社殿の前に置かれた七つの丸い石は、大正時代から昭和の初めにかけて、毎年九月二十五日の大祭当日、近郊の若者が集まり力持ちを競った力石《ちからいし》です。石には持ち上げた人の名前とその重量が刻まれています。また、境内には富士信仰が盛んだった江戸時代に築かれた富士塚があります。富士山に登ったと同じ御利益が得られると、江戸市中に築かれた富士塚の一つです。富士塚にはかつて七福神の石像七体がまつられていて、現在も境内各所に点在する七福神巡りができます。

代々木駅

代々木
よよぎ
原宿　新宿
Yoyogi

広大な御苑から菩提寺へ新宿の名の由縁となった内藤家ゆかりの地を巡る

代々木駅をスタートして、千駄ヶ谷門から新宿御苑《しんじゅくぎょえん》に入ります。園内は広く五十八・三ヘクタール（約十八万坪）、周囲は三・五キロメートルもあります。苑内からは、東京で四番目に高いNTTドコモ代々木ビル（通称ドコモタワー）が、現代の新宿御苑の風景をつくっています。

新宿御苑の地には、江戸時代に信州の高遠《たかとお》藩内藤家の下屋敷がありました。大木戸《おおきど》門に近い玉藻池《たまもいけ》を中心とする庭園は、玉川上水の余水を利用した内藤家の庭園「玉川園」の遺構です。

浅草阿部川町の名主高松喜兵衛らが、内藤家下屋敷の北側に甲州街道の宿場の開設を請願

新宿御苑のイギリス式庭園

四谷大木戸跡碑

し許可されたのは、元禄十一年（一六九八）のこと。宿場は「内藤新宿《ないとうしんじゅく》」と呼ばれ、現在の「新宿」の名の由来になりました。

日本庭園、イギリス式庭園、フランス式庭園などを巡ってから、大木戸門を出て周辺を巡ります。四谷四丁目の交差点あたりにあった甲州街道の四谷大木戸は、江戸に出入りする人や物資を監視する木戸番所です。元和二年（一六一六）から寛政四年（一七九二）までの百七十六年間、旅人は明け六ツ（午前六時）に開き、暮れ六ツ（午後六時）に閉じる大木戸を通って、甲州街道を往来しました。現在は跡地に碑が残ります。その近くの四谷区民センター脇に建つ玉川上水記念碑は、玉川上水を開いた玉川兄弟の功績をたたえ明治二十八年（一八九五）に建てられたものです。

玉川上水記念碑を見て甲州街道を西に歩き、内藤家の菩提寺である太宗寺《たいそうじ》、投げ込み寺の成覚寺《じょうかくじ》、追い出しの鐘のある天龍寺を巡って新宿駅に出ます。

都心の真ん中でナイスショット！新宿御苑にゴルフ場があった？

新宿御苑の元となった内藤家の下屋敷は、十八万坪という広大な敷地でした。明治五年（一八七二）に、政府は内藤家から上納された下屋敷の土地と、買収した隣接地を合わせた五十八・三ヘクタールの土地に、園芸牧畜の改良を目的として「内藤新宿試験場」をつくりました。その後、明治十二年（一八七九）にできた、宮内庁所管の新宿植物御苑の時代を経て、明治三十九年（一九〇六）に皇室の庭園である新宿御苑が完成し、五月に明治天皇臨席のもと日露戦争の戦勝祝賀を兼ねた開苑式が催されました。大正六年（一九一七）から観桜会（戦後は桜を見る会）、昭和四年（一九二九）からは観菊会の会場になり、大正年間には西洋庭園が、九ホールのゴルフコースに利用されていたこともあります。

昭和二十年（一九四五）五月の空襲により、昭和天皇のご成婚記念として昭和二年（一九二七）に建てられた旧御涼《ごりょう》亭（台湾閣）と、明治二十九年（一八九六）に建てられた旧洋館御休所（国重要文化財）を残して、苑内の建物は焼失しました。一般に公開されたのは昭和二十四年（一九四九）です。

江戸六地蔵の一つ
太宗寺のお地蔵様のご利益とは？

太宗寺は、慶長年間（一五九六～一六一四）に太宗という名の僧が建てた草庵が前身です。寛永六年（一六二九）に内藤家四代正勝（五代ともいう）が死去の後、内藤家の菩提寺となってから境内の堂宇が整備され、江戸の名刹になりました。

境内入口にある見上げるほど高い笠を被った地蔵尊が、銅造《どうぞう》地蔵《じぞう》菩薩《ぼさつ》座像《ざぞう》です。正徳二年（一七一二）に深川の念仏行者、地蔵坊正元《じぞうぼうしょうげん》が江戸中を勧進し、浄財を募って鋳造した地蔵尊の一体です。

地蔵坊正元は重病にかかり、医者に見放されたとき、地蔵信仰で救われたことから江戸の街道筋六カ所に地蔵を安置することを思いたったといいます。江戸六地蔵と呼ばれ、太宗寺の地蔵尊は、甲州街道を往来する旅人の安全を祈願して建てられました。他の五カ所は、南

太宗寺の江戸六地蔵の一つ、銅造地蔵菩薩座像

品川（東海道）の品川寺《ほんせんじ》、巣鴨（中山道）の真性寺《しんしょうじ》、浅草（奥州街道）の東禅寺《とうぜんじ》、深川（水戸街道）の霊巌寺《れいがんじ》、深川（千葉街道）の永代寺《えいたいじ》です。

境内の切支丹《きりしたん》灯籠は、江戸時代、幕府が切支丹を弾圧したため、隠れ切支丹が密かに礼拝していたといいます。江戸時代中期の作と推定され、昭和二十七年（一九五二）に内藤家墓所から脚部が出土し、上部の笠、火袋《ひぶくろ》部分を復元し補っています。材質は白御影石で、全体の形状は十字架を、脚部の彫刻はマリア像を象徴しています。

投げ込み寺の成覚寺
当時の飯盛女の実態とは？

文禄三年（一五九四）に建立された成覚寺は、「投げ込み寺」とも呼ばれています。内藤新宿が寂れていた頃を支えた飯盛女《めしもりおんな》が、死ぬと晒《さら》し木綿の肌襦袢《はだじゅばん》に腰巻一枚で米俵にくるまれて持ち込まれたため、そう称されました。飯盛女は旅籠《はたご》に抱えられていたため「子供」と呼ばれ、境内の子供合埋《ごうまい》碑《ひ》は彼女たちを弔うため、万延元年（一八六〇）に建てた三千人におよぶ合同慰霊碑です。

飯盛女は旅籠では名目上、給仕や雑用をする女として雇われましたが、実質は非公認の遊女です。多くは親たちが貧困なため身売りされた女性たちで、年期が来ても借金を返せないほどなので、働けるだけ働いて死を待つ運命にありました。

宿場では飯盛女がいる旅籠を選ぶ客が多く、内藤新宿では東海道の品川に次ぐ評判の飯盛女たちを抱えていたといいます。内藤新宿で飯盛女を抱える旅籠は、寛政十一年（一七九九）には現在の新宿三丁目あたりに二十軒、二丁目あたりに十六軒、一丁目あたりに十六軒ありました。

飯盛女と町人、武士など、ままならない二人が選んだのが情死の道でした。旭地《あさひじ》蔵《ぞう》は情死者を供養するため、寛政十二年（一八〇〇）に旭町（いまの新宿四丁目）の玉川上水の脇に立てられていました。「三界万霊」と刻まれた台座に露座しています。

早めに撞《つ》かれた天龍寺の追い出しの鐘はこんな人たちにも時を知らせていた⁉

天龍寺の境内の鐘楼には、「追い出しの鐘」と称される鐘が吊るされています。江戸時代、

天龍寺の追い出しの鐘

人々に時刻を知らせたもので、撞くときは牧《まき》野備後守《のびんごのかみ》が天龍寺に寄進した、オランダ製のやぐら時計で時を確認していたそうです。しかしこの鐘、実際には四半時《しはんとき》（現在の三十分）ほど早く撞いたといわれます。内藤新宿から江戸城への道のりがかなりあるため、登城する武家たちが遅れないように便宜を図ったためといいます。旅籠に泊まっていた旅人や遊客にとっては、飯盛女と別れ、旅籠を出る時刻を知らせるものであったため、「追い出しの鐘」と呼ばれました。

鐘は明和四年（一七六七）に、谷保《やほ》村の鋳物師の関孫兵衛《せきまごべえ》によるもので、上野寛永寺（二二ページ参照）、牛込市ヶ谷八幡の鐘とともに、江戸三名鐘の一つに挙げられています。

原宿駅

原宿
はらじゅく
渋谷　代々木
Harajuku

かつての町名を残す名の駅から、神宮の森を抜けオリンピックの名残を訪ねる

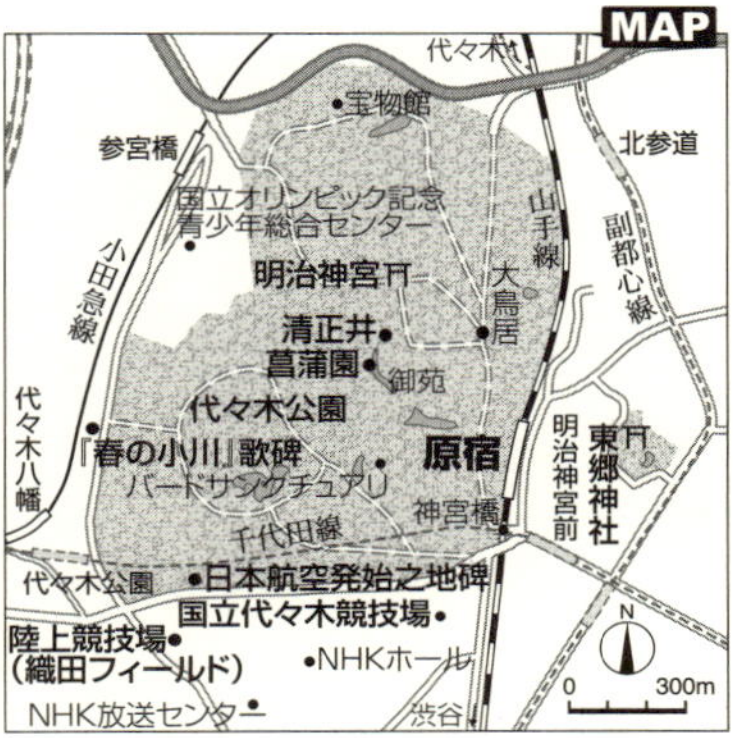

原宿駅の開業は、明治三十九年（一九〇六）です。大正十三年（一九二四）に現在の英国調のハーフティンバー様式の駅舎に建て替えられました。「原宿」はもともと表参道の北側一帯の町名でしたが、昭和四十年（一九六五）実施の住居表示で「神宮前」になり、現在では原宿の名は駅名だけに残っています。

山手線を跨ぐ神宮橋を渡って明治神宮の鳥居をくぐり、明治天皇と昭憲皇太后《しょうけんこうたいごう》の二柱をまつっている本殿へ向かいます。境内は千駄ヶ谷方面の外苑《がいえん》に対し、内苑《ないえん》と呼ばれます。総面積は約七十万平方メートルで、およそ東京ドームの十五個分。境内には造営の際、日本各地から三百六十五種、約十万本の樹木が献木され、現在では十七万本もの樹が鬱

明治神宮

蒼とした森をつくっています。
　明治神宮にお参りしたら、隣接する代々木公園に向かいます。戦前は代々木練兵場、戦後はワシントンハイツ（在日米軍の兵舎・家族用居住宿舎など）を経て、昭和三十九年（一九六四）の東京オリンピックの際には選手村になったところです。園内は約七万本の樹木が茂る代々木神園町《かみぞのちょう》側の森林公園地区（A地区）と、サッカー場と陸上競技場のある神南《じんなん》側の運動公園地区（B地区）とに分かれています。
　南門を出て跨線橋を渡ると、陸上競技場の脇にオリンピック東京大会選手村の記念碑があります。陸上競技場は日本人初のオリンピック金メダリストである織田幹雄《おだみきお》の名をとり、東京オリンピックの際に「織田フィールド」と呼ばれた選手村陸上競技練習場です。丹下健《たんげけん》三《ぞう》の設計による国立代々木競技場は、東京オリンピックで水泳、飛び込み、近代五種の水泳が行われた第一体育館、バスケットボールが行われた第二体育館とも健在です。
　参宮橋《さんぐうばし》門を出て小田急線の線路沿いをゆくと、『春の小川』の黒御影石の歌碑が立っています。高野辰之《たかのたつゆき》作詞、岡野貞一《おかのていいち》作曲の文部省唱歌で、大正元年（一九一二）に作られました。

この歌詞の〝小川〟は、小田急線の線路沿いを流れていた河骨川《こうほねがわ》です。

原宿駅に戻ったら、ブティックやアクセサリーの店が並ぶ竹下通りをそぞろ歩き、東郷《とうごう》神社まで往復するのもおすすめです。

明治神宮境内のモミの木は代々木の地名ゆかりの木？

明治神宮は、大正九年（一九二〇）に建立されました。昭和二十年（一九四五）四月の空襲で、南神門《みなみしんもん》（楼門）と回廊は残りましたが、ほかはすべて焼失してしまいました。本殿はじめ全社殿が復興したのは、昭和三十三年（一九五八）です。

この一帯は江戸の初期は、肥後熊本藩主である加藤清正《きよまさ》の下屋敷でしたが、寛永十七年（一六四〇）に清正が改易（領地の没収と身分の剥奪）になって以降は、彦根藩井伊《いい》家の下屋敷になりました。皇室用地になったのは、明治維新後です。

境内には昭憲皇太后のために造営された御苑、加藤清正ゆかりの清正井《きよまさのいど》（渋谷川の水源の一つ）、宝物殿などがあり、南参道、西参道、北参道が本殿に通じています。井伊家の下屋敷があった頃、御苑の東門付近にはモミの巨木がありました。幕末に来航したペリー提督の艦隊が幕府に開港を迫り、デモンストレーションで江戸湾を測量していたとき、このモミの巨木の上からその動静を見張り、桜田門外の上屋敷まで報告していたといいます。現在のモミはその後継樹で、代々木の地名は代々《だいだい》モミの巨木があったことに由来するといいます。

御苑の菖蒲園《しょうぶえん》は広さが千六百平方メートル（約四百八十坪）あり、百五十種、約千五百株のハナショウブが植えられ、花期には鑑賞する人が列をなします。明治三十年（一八九七）頃、御苑内の隔雲亭《かくうんてい》で静養される昭憲皇太后のため、谷間の水田に植えられたハナショウブが前身です。清正井は土木技術に長《た》けていた清正が掘ったとされ、都内では珍しい湧水の井戸です。御苑は十一月末から十二月上旬にかけて、紅葉も見事です。拝殿は昭和三十三年（一九五八）の再建で、まだ五十年ほどしか経っていませんが古社の風格が漂っています。

南参道と北参道が合流するところにある大鳥居（二ノ鳥居）は、木造の明神《みょうじん》鳥居としては日本で最大です。柱と柱の間は九・一メートル、高さ十二メートル。柱の直径は一・二メートルほどで、重さは十三トンもあります。この鳥居は昭和五十年（一九七五）に建て替えられた二代目で、台湾の山中から切り出された樹齢二千年のヒノキが使われています。

都心のオアシス・代々木公園から「とんだ」日本はじめてとは？

代々木公園のA地区には、中央の芝生内に散歩道とサイクリングコースが巡らされ、明治神宮側にはバードサンクチュアリやオリンピック記念の宿舎があります。

東京オリンピックの選手村は当初、埼玉県朝霞《あさか》市の朝霞キャンプドレイクに決定していましたが、在日米軍の都合で使えず、代々木にあったワシントンハイツに変更された経緯があります。ＮＨＫ放送センターも、当初は青山公園に建設する予定でしたが、敷地が狭いという理由でワシントンハイツ跡地に建設されました。

江戸時代の井伊家下屋敷（後の明治神宮）に隣接するA地区は、高島藩諏訪《すわ》家があったくらいでほとんどが農地。一方B地区は、ＮＨＫ放送センターが西条藩松平家の下屋敷、国立代々木競技場のところに岸和田《きしわだ》藩岡部家の下屋敷がありました。

代々木公園・日本航空発始之地碑

明治維新後は畑や森でしたが、明治四十二年（一九〇九）に代々木練兵場ができました。明治四十三年にはここで徳川好敏《よしとし》大尉が、日本で初めて動力飛行機による距離三千メートル、高度七十メートル、四分間の飛行に成功しました。徳川大尉は御三卿の清水徳川家の第八代当主で、後に陸軍航空兵団司令官になった人です。この業績を記念して、南門の近くに日本航空発始之地碑が立っています。

いくよ？ 流る？ 『春の小川』の歌詞は二つ存在した⁉

『春の小川』歌碑の文字を見ると、「春の小川はさらさら流る」とあります。多くの人は「さらさら行くよ」と記憶しているはずです。金田《きんだ》一《いち》春彦《はるひこ》著『心にしまっておきたい日本語』

『春の小川』歌碑

によれば、昭和十七年（一九四二）に「文語調は好ましくない」と、詩人の林柳波《はやしりゅうは》により変えられたそうです。そのため、習った時代により覚えている歌詞が異なります。

金田一晴彦が、伊豆の御用邸で昭和天皇、皇后両陛下とお会いしたとき、この歌詞の話になりましたが、昭和八年（一九三三）生まれの天皇陛下は「さらさら流る」と習われ、一学年遅い皇后陛下は「さらさら行くよ」と習われたそうです。天皇陛下は金田一春彦に「川は流れるものであって、行くものではありませんよね」といわれたといいます。

東郷神社に帝国海軍の潜水艦の遺構が残る？

東郷神社は、原宿駅の竹下口から明治通りに抜ける竹下通りを下った左手です。昭和十五年（一九四〇）に創建され、東郷平八郎を祭神としています。

東郷神社

東郷平八郎は、明治三十七（一九〇四）〜三十八年に満州、朝鮮の制覇を争った日露戦争のときの連合艦隊司令長官で、旗艦三笠《みかさ》に乗艦し、日本海海戦でロシアのバルチック艦隊を撃破しました。神社は昭和二十年（一九四五）の東京大空襲で焼失しましたが、昭和三十九年（一九六四）に再建されています。

境内にある慰霊碑の中でも、殉死した潜水艦乗組員を慰霊する「潜水艦殉国《じゅんこく》碑」は、潜水艦の断面を模した碑に潜望鏡がはめ込まれた珍しい形状です。海軍の伊号潜水艦で実際に使われていたもので、碑から上方へと高くのびています。

渋谷駅

渋谷
しぶや
恵比寿　原宿
Shibuya

悲しい逸話のハチ公像に
昭和初期の大事件
若者の街に見る
歴史の舞台へ

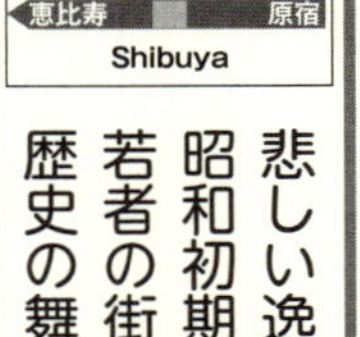

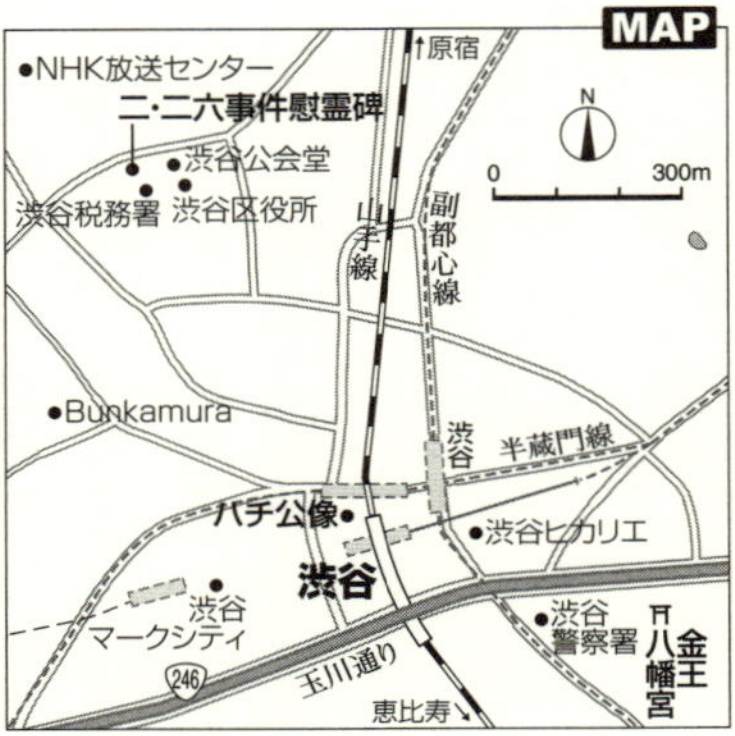

渋谷駅のハチ公口を出ると、渋谷のシンボルであるハチ公像が迎えてくれます。ハチは飼主が死去した後も、駅前で飼主の帰りを待ち続けた「忠犬」として知られ、待ち合わせの場所としても名高い像です。

すぐそばのスクランブル交差点を渡って、二・二六事件慰霊碑を目指し、NHK放送センター方面へ向かいます。碑は渋谷税務署の北西隅にひっそりと立っていますが、渋谷の喧騒の中で知る人はまれです。

碑に手を合わせたらいったん渋谷駅に戻り、渋谷ヒカリエが建つ東口に出ます。陸橋を渡って渋谷警察署側に降り、六本木通りをやや進んだところの南側に、金王八幡宮《こんのうはちまんぐう》が建っています。社殿は江戸時代初期の建築様式をとどめる、都内でも代表的な建築物です。徳川家光が三代将軍に決定したお礼として、乳母の春日局《かすがのつぼね》と教育係の青山忠俊《ただとし》が奉納しました。

移転する前の渋谷駅前 玉川通りの大ガードは踏切だった！

初代の渋谷駅は、明治十八年（一八八五）に日本鉄道（高崎線）の支線として、品川〜赤羽間を走る品川鉄道（現在の山手線の一部と赤羽線）が敷設されたときに設置されました。いまの位置よりも、やや恵比寿駅寄りでした。

開業当日の乗客はゼロでしたが、やがて騎兵連隊などの兵営が駒場や渋谷周辺に開設された明治二十四年（一八九一）頃には、駅周辺に軍人、官吏《かんり》、商人たちの住宅が建ち始めました。明治四十二年（一九〇九）に代々木練兵場が置かれると、渋谷駅は軍関係の人々が利用するようになり、物流の拠点ともなりました。さらに関東大震災後は、下町から多くの人が移り住んできて人口が急増しました。

明治天皇が大山街道（国道二四六号線・玉川通り）を通って駒場練兵場に行幸された際、宮益坂《みやますざか》下の山手線踏切の遮断機がなかなか開きませんでした。これが大問題になり、線路の高架化が決まりました。二代目駅舎が、新宿駅寄りの国道二四六号線に接する現在地に誕生したのは、大正九年（一九二〇）です。ハチ公が通った渋谷駅は、この二代目の渋谷駅です。

戦時中に金属供出されたハチ公像その用途は兵器ではなく……？

ハチは、大正十二年（一九二三）十一月に秋田県大館《おおだて》市で生まれた、雄の秋田犬です。現在の松濤《しょうとう》に住んでいた旧東京帝国大学教授の上野《うえの》英三郎《ひでさぶろう》に引き取られ、「ハチ」と名付けられました。博士が出かけるときに渋谷駅まで連れて行くと、ハチは上野博士の帰りを駅で待つようになりました。

大正十四年（一九二五）五月に上野博士が脳溢血で急死しましたが、ハチは、亡くなった博士の帰りを十年ほど、毎日渋谷駅で待ち続けました。日本犬保存会初代会長の斎藤弘吉が、このハチの境遇を朝日新聞に投稿したところ、「いとしや老犬物語、今は世になき主人の帰りを待ちかねる七年間」という見出しと、ハチの写真入りで大きく掲載されました。その忠犬ぶりが人々に感銘を与え、人々はハチをかわいがるようになりました。

ハチ公像が立てられたのは、昭和九年（一九三四）のこと。東京初のターミナルデパートの、東横百貨店が完成した年です。除幕式にはハチ自身も元気な姿で参列しました。しかしその翌年の三月、ハチは病死。死因は癌とフィラリアだったといわれ、渋谷川に架かる稲荷橋付近で死んでいるのが発見されました。

告別式は渋谷駅で行われ、上野博士の妻や後の飼い主だった小林夫妻、駅員や町内の人々など多数が参列し、人間さながらの葬儀であったといいます。宮益坂にあった妙裕寺《みょうゆうじ》の僧侶など、十六人の僧侶による読経もされました。ハチの墓は、青山霊園の上野博士の墓の隣にあり、国立博物館には剥製が保存されています。

ハチ公像

ハチ公像ですが、第二次世界大戦中に金属供出されました。銅像が溶解されたのが終戦の前日だったため、軍需目的ではなく、機関車の部品になったといいます。その後、昭和二十三年（一九四八）に再建され、平成元年（一九八九）に西に少し移動し、ＪＲ渋谷駅の改札口（ハチ公口）を向いています。毎年四月八日には、銅像前でハチ公慰霊祭が行われます。
東京大学農学部（文京区）の正門近くの敷地には、手を伸ばす上野博士に抱きつくハチ公のブロンズ像が、ハチの死後八十年の平成二十七年（二〇一五）に立てられました。

二・二六事件慰霊碑は渋谷の若者のパワースポット？

二・二六事件慰霊碑は、昭和十一年（一九三六）二月二十六日に起きた同事件の処刑者、犠牲者の霊をまつっています。陸軍の皇道派青年将校らが国家改造・統制派打倒を目指し、約千五百名の部隊を率いて首相官邸などを襲撃した、クーデター未遂事件です。

この事件では、首相の岡田啓介《けいすけ》と間違えられた首相秘書の予備役軍人松尾伝蔵、内大臣《ないだいじん》斉藤実、大蔵大臣高橋是清《これきよ》、教育総監渡辺錠太郎《じょうたろう》が殺害され、侍従長《じじゅうちょう》の鈴木貫太郎が重傷を負い、警視庁陸相官邸など永田町一帯が占拠されました。

2.26事件慰霊碑

二・二六事件慰霊碑から隣の渋谷税務署、渋谷区公会堂、渋谷区総合庁舎にかけての一帯は、かつて東京陸軍刑務所があったところで、慰霊碑の立つ場所が、青年将校が処刑された場所とされています。最近は若い人たちの間で、パワースポットとしても話題となっているそうです。

渋谷の総鎮守・金王八幡宮は渋谷の地名にゆかりがある社!?

金王八幡宮は渋谷と青山の総鎮守で、応神《おうじん》天皇（品陀和気命《ほんだわけのみこと》）を祭神としています。社殿は渋谷金王丸常光《しぶやこんのうまるつねみつ》の館の跡に建っています。金王丸は源《みなもとの》　義朝《よしとも》、頼朝親子に仕えた武将で、父の重家《しげいえ》の代に堀河天皇より渋谷の姓を賜り、この地に居城を構えました。渋谷の地名は、この渋谷氏の領地であったことが由来です。御影《みえい》堂に安置されている木像は金王丸が十七歳のとき、保元《ほげん》の乱の出陣の折に自ら彫り、形見として母に残したものといわれています。

金王丸は義朝の死後、剃髪し、土佐坊昌俊《とさのぼうしょうしゅん》と称して義朝の霊を弔いました。頼朝とも深く交わりましたが、壇《だん》ノ浦《うら》の戦いの後、頼朝は義経に謀反の疑いをかけ、これを討つよう昌俊に命じました。昌俊は断れず、文治元年（一一八五）十月、百騎ばかりを率いて京都に上り、義経の館に討ち入りましたが、昌俊は元から義経を討つ考えはなく、捕らえられて勇将らしい立派な最期を遂げたということです。

金王八幡宮

恵比寿駅

恵比寿
えびす
目黒　渋谷
Ebisu

ビール工場ゆかりの街がいまや最先端アミューズメントスポットに

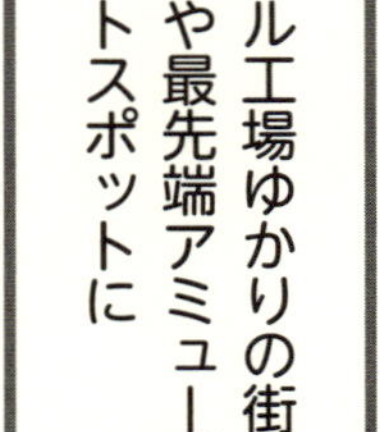

山手線が恵比寿駅から発車するときには、ヱビスビールのCM曲『第三の男』のメロディーが流れます。東口改札を出て動く歩道で五分ほどの恵比寿ガーデンプレイスは、再開発される以前はサッポロビール恵比寿工場があったところです。

近辺の都市化や、郊外へ工場機能の移転が進んだことから恵比寿工場を閉鎖し、跡地が再開発されました。現在では、高さ百六十七メートルの超高層の恵比寿ガーデンプレイスタワーを中心に、恵比寿三越などの商業施設、レストラン、ホテル、美術館、集合住宅などが集結する、一つの「街」が形成されています。

MAP

恵比寿ガーデンプレイスを巡ったら、ヱビスビール記念館でヱビスビールの歴史にふれ、

出来立てのヱビスビールを味わいつつ往時のたたずまいを偲んでみましょう。

ビールの商標が先？　町名が先？　恵比寿を名乗ったのはどちらがルーツ？

日本麦酒《ビール》醸造会社（サッポロビール恵比寿工場の前身）が設立されたのは、明治二十年（一八八七）です。三年後に発売されたヱビスビールは、大瓶一本の価格が十四銭、現在の三千円に相当する高価なものでした。明治二十五年、経営困難に陥っていた日本麦酒醸造会社に三井物産から派遣され、再建したのが、その後四十一年にわたって社長を務め、東洋のビール王と呼ばれた馬越恭平《まごしきょうへい》でした。

明治三十二年（一八九九）には、銀座八丁目に日本初と名乗る「恵比寿ビール　ビアホール」が誕生しました。値段は一杯（五〇〇ミリリットル）十銭でした。ちなみに、ヱビスビールは明治三十三年年にはパリ万国博覧会で金賞を獲得。三十か国以上から出品された中での受賞でした。

恵比寿工場で瓶詰されたビールは、当初馬車で積み出されていましたが、販売量が増加してくると対応できなくなりました。そこで列車で運ぶために明治三十四年（一九〇一）に貨物駅が造られ、「恵比寿停留所」と名付けられました。明治三十九年（一九〇六）には渋谷駅寄りに旅客用の恵比寿駅が開業。昭和三年（一九二八）には、駅の東側から港区白金に向かうバス通りに沿って、「恵比寿通り」一丁目、二丁目の町名が生まれました。その後「恵比寿」「恵比寿南」「恵比寿西」など、恵比寿の名の付く町名が次々にできました。つまり、駅名も町名も始まりはビールの商標。商品名から駅名になり、町名になった珍しい例です。

昭和十二年（一九三七）を境に戦時色が濃くなり、ビールにもその影響が出始めます。公定価格が定められた後、昭和十五年（一九四〇）には配給制となり、昭和十八年（一九四三）には全ビール会社のブランドラベルが廃止されてしまいました。商標も各社共通の「麦酒」に統一される味気無さ。このとき、ヱビスビールはいったん製造を中止しました。

復活したのは、昭和四十六年（一九七一）です。原料は麦芽百パーセント、ドイツ・バイエルン産アロマホップを使用した、円熟の香味が特徴です。

おしゃれな恵比寿ガーデンプレイスの一角にビールの巨大仕込み釜が現存する？

サッポロビールは、東京都の恵比寿地区整備計画を受けて、昭和六十年（一九八五）に恵比寿工場の閉鎖を決定。昭和六十三年（一九八八）に恵比寿工場の機能を千葉県船橋市に移転し、同時に跡地の再開発を進めました。平成三年（一九九一）に、「恵比寿ガーデンプレ

恵比寿ガーデンプレイス

イス」の名称が決定されるとともに建設工事が着工され、平成六年（一九九四）十月に開業しました。

恵比寿駅に近い正面入口の側に、エントランスパビリオンがあります。ミュンヘンのビール祭りであるオクトーバーフェストを表した大きなからくり時計は、毎日十二時、十五時、十八時の三回、マーチのメロディーに合わせて人形たちが登場します。

恵比寿三越に隣接するサッポロビール本社の地下一階には、ヱビスビール記念館がありますが。ツアーに参加しなくても自由に見学できますが、おすすめは館内を案内人と巡る「ヱビスツアー」（有料、所要約四十分）。ヱビスビールの歴史やおいしいビールの飲み方などの解説があり、コミュニケーションステ

ヱビスビール記念館のかつての仕込釜

ージでヱビスビールを試飲するコースです。ステージには、かつて恵比寿工場で使われていた仕込釜が据え付けられていて、出来立てらしい雰囲気を高めています。ほか、館内のテイスティングサロンでは、出来立てのビールをおつまみと一緒に試飲できます（有料）。

目黒駅

目黒
めぐろ
五反田　恵比寿
Meguro

お不動様の門前町として栄えた街をぐるり坂道を巡って歩く

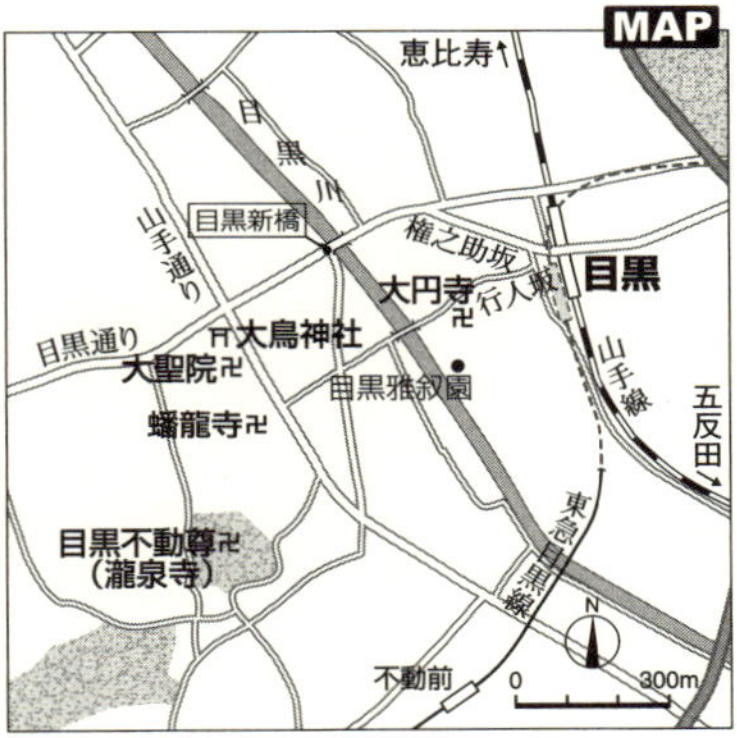

目黒駅は、山手線が明治十八年（一八八五）三月に開業した際、品川〜赤羽間に六つ設けられた駅の一つです。当時は現在の五反田駅と目黒駅の中間の、徳蔵寺《とくぞうじ》付近にありました。現在地に移転したのは明治二十三年（一八九〇）です。名前は目黒駅ですが、駅の所在地は品川区です。

山手線は当初、大崎から目黒川沿いをさかのぼり中目黒付近から渋谷に至るルートが計画されました。しかし、目黒川沿いの下目黒付近の農民たちが、田圃をつぶされるのに強く反対したため、東北側の台地に永峯《ながみね》トンネルを掘削して、恵比寿を通るルートに変更しました。永峯トンネルは、現在の目黒駅の南側を跨いでいる上大崎道路橋あたりです

目黒不動尊（瀧泉寺）山門前の、平井権八と遊女小柴の比翼塚

が、その後に撤去されています。

目黒駅の正面口を出て西を向くと、左右に通りが延びています。右が権之助坂《ごんのすけざか》、左が行人坂《ぎょうにんざか》といい、江戸時代にはともに目黒不動詣での道として栄えました。右手の権之助坂を下り大鳥神社《おおとりじんじゃ》に向かいます。村人の年貢の軽減を願い出たことが罪に問われた、名主の菅沼権之助《すがぬまごんのすけ》が、刑に処せられる前にひと目我が家が見たいと申し出ます。縄で縛られたまま馬の背に乗せられた権之助が、この坂から家がある方向を見たことから名が付きました。

目黒川を渡ると、現在の山手通りに出ます。周辺には大鳥神社、目黒不動をはじめ、いくつかの神社仏閣が点在しており、茶屋、料理屋、みやげ物店が建ち並び、賑わっていました。大鳥神社は大同元年（八〇六）に創建された、目黒区で最も古い神社です。日本武尊《やまとたけるのみこと》を主祭神に、弟橘媛尊《おとたちばなひめのみこと》、国常立命《くにのとこたちのみこと》の三神をまつる、旧下目黒村の総鎮守です。日本武尊は東征の折に、この社で東夷《とうい》平定の祈願をした縁があり、亡くなった後に白鳥となって現れた御霊《みたま》を鳥明神としてまつったのが、社名の由来とされています。

隣の大聖院《だいしょういん》は、大鳥神社の別当寺。境内に切支丹灯籠《きりしたんどうろう》三基が置かれています。その先にある蟠龍寺《ばんりゅうじ》は、山手七福神の岩屋弁財天が有名です。

目黒不動尊（瀧泉寺《りゅうせんじ》）は、戦災でほとんどが焼失し、本堂をはじめ大半の建物は戦後の再建です。駅へ向かって戻り、目黒川に架かる太鼓橋を渡った先、目黒雅叙園《がじょえん》の敷地には、かつて明王院《みょうおういん》がありました。江戸初期に出羽（山形県）三山の一つ、湯殿山《ゆどのさん》の修験者《しゅげんじゃ》たちが坂の途中に大日如来堂《だいにちにょらいどう》を建て、堂にこもり日夜修行に励んでいました。行人坂は、彼ら行者が沿道に多く住んだことから名が付きました。

目黒雅叙園の先の右手には、明和の大火の火元となった大円寺《だいえんじ》があります。

商売繁盛の酉の市で賑わう大鳥神社
幕末はテロの成功祈願がされていた!?

商売繁盛を願う祭りとして知られる酉《とり》の市《いち》は、農民が秋の収穫を祝い、感謝の印に鶏を奉納して祈ったのが始まりです。その際、神社から農家の実用品として受けた熊手が「福をかき込む」、酉は「取り込む」という縁起と結びつき、商人の祭りへと変わってきました。

大鳥神社の酉の市の始まりは江戸時代で、都内で最も古いものです。市が立つ十一月の酉の日には、ご神前に幣帛《へいはく》（神に供える物）として「八《や》つ頭《がしら》」と「熊手」を供えるのが慣わしです。八つ頭は東征のとき、日本武尊が八族《はちぞく》の頭目《とうもく》を平定した功績を具象化したもので、熊

大鳥神社

手は尊が焼津で焼討ちに遭ったとき、草薙《くさなぎ》の剣《つるぎ》を振って火難を防ぎ、なぎ倒した草を熊手でかき集めて火を防ぎ、迎え火をもって賊を平らげ九死に一生を得たという伝承によります。

大鳥神社がある下目黒村は江戸期は農村で、延享三年（一七四六）には町奉行支配地になっていましたが、関東郡代《ぐんだい》にも町奉行支配にも目が届きにくかったせいか、幕末には攘夷《じょうい》派がここで謀議を重ねていました。大鳥神社や目黒不動界隈は参詣人が多いため、かえって人目につきにくく、東海道の品川宿や青山道《あおやまみち》、伊勢原《いせはら》街道、中原道《なかはらみち》に近いため逃げる際には地の利もありました。

大鳥神社には、井伊直弼《いいなおすけ》が暗殺された安政七年（一八六〇）の桜田門外の変の直前に、薩摩の浪人である有村次左衛門《ありむらじざえもん》と水戸の浪人の関鉄之助《せきてつのすけ》が参拝しています。翌文久元年、高輪の東禅寺《とうぜんじ》にあったイギリス公使館を襲撃した浪人たちも祈願していました。さらに文久二年、井伊直弼の後継者である安藤信正《あんどうのぶまさ》を江戸城坂下門外で襲った水戸の浪士も、ここに参詣しています。彼らは果たして、何を祈願していたのでしょうか？

地名の由縁説もある目黒不動尊は庶民あこがれの一獲千金の場だった？

目黒不動尊は天台宗瀧泉寺の通称で、天台宗の三代目座主である慈覚大師《じかくだいし》円仁《えんにん》が大同三年（八〇八）に創建しました。関東では最古の不動霊場で、本尊は江戸五色不動《ごしきふどう》の一つである不動明王《ふどうみょうおう》です。江戸五色不動とは、目のまわりの色から目黒、目青《めあお》、目白《めじろ》、目《め》赤《あか》、目黄《めき》の五つの不動尊で、地名の目黒はこの目黒不動があったことによるという説や、その昔、牧場を管理する者が馬を見回り歩いた畦道の中を縄張りとしていたことから、「馬畔《めくろ》」からきた説など、いくつかあります。

目黒不動尊は元和元年（一六一五）に焼け、寛永七年（一六三〇）から上野寛永寺の末寺となり、生順大僧正《しょうじゅんだいそうじょう》（中興の開祖）が兼務するようになったとき、徳川三代将軍家光の帰依《きえ》を受けました。寛永十一年（一六三四）に本堂が完成。鐘楼、観音堂、仁王門も修復されて

目黒不動尊

荘厳華麗な寺院になりました。

家光は鷹狩や、キジなどを勢子《せこ》に追い立てさせて狩りをする「追鳥狩《おいとりがり》」を催した際、目黒不動尊の境内で休息や昼食をとりました。その後、歴代将軍をはじめ、江戸庶民の不動信仰は厚く、目黒不動尊は江戸近郊の参詣行楽地として門前町も賑わいました。目黒不動尊の繁栄は、湯島天満宮、谷中感応寺《やなかかんのうじ》と並んで、「江戸の三富《さんとみ》」と呼ばれるほど盛んになった富くじ（今の宝くじ）に負うところも大きかったようです。富くじは社寺の復興費、修理費を捻出する手段でしたが、一攫千金に夢を託す庶民の心は昔も変わりません。

仁王門の左手には、歌舞伎、映画等でなじみの平井権八《ひらいごんぱち》と吉原の遊女小紫《こむらさき》の比翼塚《ひよくづか》があります。権八は鳥取藩士でしたが、藩の侍を斬って江戸へ逃亡しました。小紫と親密になり、吉原通いの金欲しさに強盗殺人を重ねますが、ついに捕らわれ、延宝七年（一六七九）に鈴《すず》ケ森《もり》で処刑されました。これを聞いた小紫も遊郭から逃げ出し、権八の墓前で自らの命を絶ったそうです。

大火事の火元だった大円寺に京都・嵯峨野由縁の美しい仏像がある？

大円寺は寛永の初め、湯殿山の修験僧大海法院《だいかいほういん》が大日如来をまつり、祈願の道場を開いたのが初めです。寺はやがて修験僧たちの本山となり、隆盛を極めました。開創から百五十年後の明和《めいわ》九年（一七七二）二月、寺から出た火は強風にあおられて江戸市中に燃え広がり、江戸八百八町《はっぴゃくやちょう》のうち六百余町を焼く大火になりました。「明和の大火」と呼ばれる大火事の火元となったため、長きにわたり再建が許されず、後に薩摩藩主島津斉興《しまづなりおき》の尽力で再建されたのは、七十六年後の嘉永元年（一八四八）のことです。

大円寺境内の五百羅漢。明和の大火の犠牲者を供養している

境内の五百羅漢《ごひゃくらかん》は、明和の大火の犠牲者一万四千七百人余りを供養した石仏群というのが定説ですが、石仏にはそのような明記はありません。本尊の清涼寺式釈迦如来《せいりょうじしきしゃかにょらい》は、京都嵯峨の清涼寺の釈迦像の模刻です。清涼寺の釈迦像の美しさが広まると、八十体以上の模刻が全国の寺に安置されました。大円寺の釈迦像は、建久四年（一一九三）に造られています。

境内の阿弥陀堂《あみだどう》に安置されている阿弥陀三尊は、目黒雅叙園のところにあった明王院の本尊でしたが、明王院が廃寺になったとき、大円寺に移されました。

五反田駅

五反田
ごたんだ
大崎　目黒
Gotanda

ハイソな住宅街が高台に広がる池田山の御屋敷街を上る

MAP

五反田駅は国道一号線（桜田通り）と交差する位置に、駅舎が設けられています。東口に出て桜田通りを北へ歩き、最初の信号を左折すると、すぐ右に石畳が敷かれた上り坂があります。ここが池田山公園への上り口で、公園までは案内板が要所に立てられているので、迷わずに歩けます。

道中には、皇后陛下の実家である旧正田《しょうだ》邸跡のねむの木の庭があります。美智子皇后のご実家である、正田邸の跡地に開設した公園です。皇后はこの地で昭和九年（一九三四）に正田家の長女として誕生し、昭和三十四年（一九五九）に民間初の皇太子妃として、現・天皇陛下のもとへ嫁がれるまでを、ここで過ごされました。

公園名は、皇后が高校生のときに作られた「ねむの木の歌」や、皇室に入られてからお詠みになった「薩摩なる 喜入《きいれ》の坂を登り来て 合歓《ねむ》の花見し 夏の日思ふ」の歌などにちなんで命名されました。夏に紅色の花を咲かせるネムノキは、夜になると葉がすべて閉じて眠るように見えるといいます。

ねむの木の庭

池田山公園

さらに閑静な住宅地の間を抜けていくと、池田山公園に到着します。公園がある池田山一帯は、江戸時代に岡山藩池田家の下屋敷があった丘陵です。山手線の西側を流れる目黒川方面からは、見上げるほどの高さに見えたのでしょう。そこで標高二十～四十メートルながら池田「山」といわれています。古くから

「城南五山《じょうなんござん》」の一つに称され、御殿山《ごてんやま》（品川区北品川）、島津山《しまづやま》（同・東五反田）、花房山《はなぶさやま》（同・上大崎）八ツ山《やつやま》（港区高輪）とともに、高級住宅地の代表格とみなされています。

高低差を生かした池泉回遊式庭園を巡ったら、公園の北側にある寺町の、芝増上寺《しばぞうじょうじ》子院群を巡り、目黒通りを目黒駅に向かいます。

池田山の高級住宅地のほとんどが岡山藩の屋敷地だった！

この地には、寛文十年（一六七〇）から江戸時代を通じて、岡山藩池田家の下屋敷がありました。現在の東五反田五丁目の大部分を占める、三万七千六百坪（一万千平方メートル）の広大な敷地というか山です。谷や窪地が入り組んだ台地で、鴨場《かもば》（鴨猟をする場所）まであったといいます。

明治に入って敷地は縮小されましたが、引き続き池田侯爵邸として使われていました。しかし、大正末期～昭和初期にほとんどが住宅地として分譲され、高級住宅街に変わっていきました。正田家はこの頃から、当地に住んでいました。

池田山公園の土地を品川区が購入し、区立公園として開園したのは、昭和六十年（一九八五）。公園の広さは約二千百坪（七千平方メートル）もあり、公園には下屋敷の頃の面影が残っています。入口付近にはあづまやがあり、樹木の間から池が見下ろせます。ここが一番の高台で、標高は二十九メートルです。

段丘を下っていくと、ひょうたん型の池の周囲を園路が巡っています。公園の北側に出ると眺めがよく、江戸時代には江戸湾が望めたというのもうなずけます。

芝増上寺の子院群にピンチヒッターを務めた伝奇小説家の墓所が!?

芝の増上寺は、徳川二代将軍秀忠《ひでただ》の妻である崇源院《すうげんいん》（浅井三姉妹の三女・江《ごう》）の荼毘所《だびしょ》（火葬場）の土地を、別墅《べっしょ》（別邸）として拝領していました。そこが三代将軍家光の三男で甲府城主の綱重《つなしげ》の用地となったため、替地が増上寺下屋敷として池田山の北寄りに与えられました。増上寺はここに、隠居僧が余生を過ごす支院八ヶ寺を建立しました。その後廃寺になった寺、移ってきた寺、合併した寺などがあり、現在は九ヶ寺が寺町をつくり、芝増上寺子院群と呼ばれています。

慶應義塾大学の創立者である福沢諭吉《ふくざわゆきち》は、この地の風光を愛し、生前に常光寺《じょうこうじ》の墓地を自ら選定していました。現在は麻布の善福寺に改葬されていますが、明治三十四年（一九〇一）に没したとき、常光寺の墓地に埋葬されました。境内には、「史蹟　福澤諭吉先生永眠

常光寺・福沢諭吉先生永眠の地碑

の地」と刻まれた記念碑が立っています。

隆崇院《りゅうそういん》の本堂では、最後の浮世絵画家とも呼ばれる日本画家の伊東深水《いとうしんすい》と子の万耀《まんりょう》、および一門によって描かれた、彩色の花の天井絵を見ることができます。この寺には、深水と万耀父子の墓もあります。

戒法寺《かいほうじ》に墓がある高井蘭山《らんざん》は、江戸時代の読《よみ》本《ほん》（伝奇小説）作者で、中国の歴史伝奇を訳した「新編水滸画伝《しんぺんすいこがでん》」にも関わっています。当初、戯作家の滝沢馬琴《たきざわばきん》が文章を、葛飾北斎《かつしかほくさい》が挿画を担当していましたが、二人が喧嘩（馬琴が出版元と喧嘩したともいう）し、馬琴が降りてしまいました。蘭山は十二巻以降を、馬琴から引き継いでいます。

唯一戦災を免れた清岸寺《せいがんじ》には、山門の左手に祐天《ゆうてん》上人手植えの桜という古木があります。祐天上人は江戸期の僧で、弟子が建立したのが目黒の祐天寺です。

大崎駅

大崎
おおさき
品川　五反田
Osaki

再開発著しい駅前から品川宿の宿場町へと歴史をさかのぼる寺町散策へ

大崎駅は明治三十四年（一九〇一）開設で、山手線の駅の中では歴史が古い方になります。駅周辺はかつて、明治期以来の工場地帯でしたが、近年は再開発による都市整備が目覚ましく、周辺の高層ビル群がペデストリアンデッキを介して駅とつながり、街を形成しています。

東口から山手通りを東に歩き、目黒川に架かる居木橋《いるぎばし》を渡ります。沢庵《たくあん》和尚の墓のある東海寺大山墓地は、山手線と東海道新幹線のガードをくぐり、東海道線と京浜東北線のガードの手前から線路沿いに左に上ります。沢庵和尚の墓（国史跡）は、台石の上に自然石を置いた簡素なもので、大きな漬物石に見えるでしょうか。墓地にはほかに、江戸中期の国学者である賀茂真淵《かものまぶち》の墓、初代鉄道頭《てつどうがしら》の井上勝《いのうえまさる》、

品川神社

あふれるほどの花が飾られている歌手の島倉千代子の墓があります。

品川神社は文治三年（一一八七）に、源頼朝が安房国《あわのくに》の洲崎明神《すざきみょうじん》を勧請した古社ですが、幕府は東海寺を建立する際、品川神社を現在地に移転させました。参道には、東海寺造営奉行の佐倉藩主堀田正盛《ほったまさもり》が工事の無事を祈念して、慶安元年（一六四八）に寄進した石造鳥居が立っています。

社殿の裏手には板垣退助《いたがきたいすけ》の墓がありますが、知られていないようです。そこは東海寺の塔頭《たっちゅう》・高源院《こうげんいん》の旧墓地で、高源院は世田谷区烏山《からすやま》に移転し板垣退助夫妻の墓だけが残されています。参道の石段ぞいにある富士塚にも登ってみましょう。

石段を下って第一京浜を南に歩き、東海寺、妙蓮寺《みょうれんじ》、海蔵寺《かいぞうじ》を巡ってから、旧東海道品川《しながわ》宿《じゅく》を経て京浜急行の北品川駅まで歩きます。関東大震災の被害を免れ、戦災からも焼け残った旧東海道品川宿は、現在は多くの建物が新しくなりましたが、下町の商店街らしい素朴なたたずまいがいまもなお残っています。

お武家様のみならずこんな方も！品川宿の飯盛女の思わぬお得意様とは？

品川宿は目黒川（古名・品川）の河口近くに位置し、日本橋から二里（約八キロメートル）の東海道の最初の宿場でした。目黒川を境として北本宿《きたほんじゅく》（北品川）と南本宿《みなみほんじゅく》（南品川）に分かれ、享保七年（一七二二）には北本宿の江戸寄りに歩行新宿《かちしんじゅく》も設けられ、合わせて「品川三宿《しながわさんじゅく》」と呼ばれていました。

北本宿の鎮守は品川神社、南本宿の鎮守は荏原《えばら》神社でしたが、現在、荏原神社は北品川にあります。かつて目黒川は北に湾曲して、荏原神社の北側を流れていたのを、昭和三年（一九二八）に河道《かどう》をまっすぐに付け替えたため、神社の南側を流れるようになりました。南本宿の神様が、北本宿側に取り込まれてしまっています。

江戸時代、品川三宿には本陣一、脇本陣二、旅籠屋《はたご》九十三軒のほか水茶屋、煮売《にうり》茶屋、餅菓子屋、そば屋、酒

荏原神社

屋、たばこ屋、小間物屋など千五百軒が建ち並び、住民は六千九百人という活気ある宿場でした。旅籠は宿泊客だけでなく、近郊の川崎大師、目黒不動、泉岳寺《せんがくじ》詣でや御殿山《ごてんやま》の桜、品川浦の汐干狩りなどの休息客でも活況を呈しました。

加えて飯盛女《めしもりおんな》（非公認の遊女。二二ページを参照）が目当ての客でも賑わい、吉原に比肩する繁栄を誇ったともいいます。飯盛女目当ての客の大半は、芝の増上寺《ぞうじょうじ》の僧侶や薩摩屋敷の武士で、増上寺の僧侶は品川宿の外れの東海寺の前にあった、衣類を貸す茶店で衣を脱ぎ羽織を着て、頭を頭巾《ずきん》で包み、木の小刀を差して医者の姿に変じて、品川宿に遊びにいきました。

たくあん漬けの名の由来は東海寺の墓石の形だった!?

東海寺は、臨済宗《りんざいしゅう》京都《きょうと》紫野大徳寺《むらさきのだいとくじ》の末寺です。徳川三代将軍家光《いえみつ》の命で、沢庵和尚のために寛永十五年（一六三八）に創建されました。家光は沢庵を厚遇した理由は、家光の側近的立場でもあった金地院崇伝《こんちいんすうでん》と天海《てんかい》が老齢に達していたため、二人に代わる人物を求めていたからともいいます。

沢庵漬けは、東海寺を開山した沢庵の考案とか、沢庵の墓石が漬物石に似ていることが由縁といわれていますが、真偽は定かではありません。大根を塩や糠、さらに麹を混ぜて漬け込むこの種の漬物は、中世の禅僧などによってすでにつくられていました。別の説に、この漬物は長期の貯蔵に耐えるから、「たくわえ漬け」と称していたのを、沢庵が広く勧めたことで呼ばれるようになったともいいます。

東海寺・仏殿

東海寺大山墓地・沢庵和尚の墓

　沢庵が東海寺で亡くなったのは、正保二年（一六四五）のこと。臨終の枕で辞世の偈《げ》を乞われ、「夢」の一字を書き、筆を投げ打ってそのまま亡くなったと伝えられています。

頭痛に効く塚？ 枕元に置かれていた!?
品川宿の寺に伝わる「首」伝説あれこれ

海蔵寺は、品川宿で引き取り手のない死者や、不慮の死を遂げた者の霊を供養する、投げ込み寺の役目を担った寺です。門を入った墓地に、慶応元年（一八六五）造立の津波溺死者供養塔が立ち、本堂裏にある首塚は、獄死した罪人や、鈴ケ森《すずがもり》の刑場で処刑された罪人の首を埋葬した塚です。宝永五年（一七〇八）に立てられたもので、頭痛塚とも呼ばれお参りすると頭痛が治るといいます。

妙蓮寺の墓地には、薄雲太夫《うすぐもだゆう》と丸橋忠弥《まるばしちゅうや》の墓があります。薄雲太夫は新吉原の遊女で、仙台藩主伊達綱宗《だてつなむね》の愛妾《あいしょう》といわれます。笠付きの墓塔に「養性院殿妙亮日教大姉《ようせいいんでんみょうりょうにっきょうだいし》」とあります。丸橋忠弥は、慶安四年（一六五一）の由井正雪《ゆいしょうせつ》の幕府転覆計画に加担した浪人ですが、密告により捕えられて処刑されました（一七一ページ参照）。鈴ケ森刑場の磔《はりつけ》一号です。その首は処刑された翌朝、妙蓮寺の住職の枕元に置かれていたといいます。

品川駅

品川
しながわ
田町　大崎
Shinagawa

日本人の忠義心の源はここにあり 赤穂浪士のゆかりの地を巡り歩く

品川駅は東海道本線や横須賀線、東海道新幹線、京急線と接続するターミナル駅です。二〇一五年三月には上野東京ラインが開通し、東北、高崎、常磐線も乗り入れるようになり、首都圏の北部からのアクセスも便利になりました。

高輪口の右手正面にそびえるシナガワグースは、かつてのホテルパシフィック東京で、薩摩藩下屋敷があった場所です。幕末に勝海舟と西郷隆盛が江戸城無血開城に向けて、事前に会談したところでもあります（七二ページ参照）。第一京浜（国道十五号線）を北に三百メートル先、左に上った奥の東禅寺《とうぜんじ》は、幕末にイギリス公使館になった寺です。

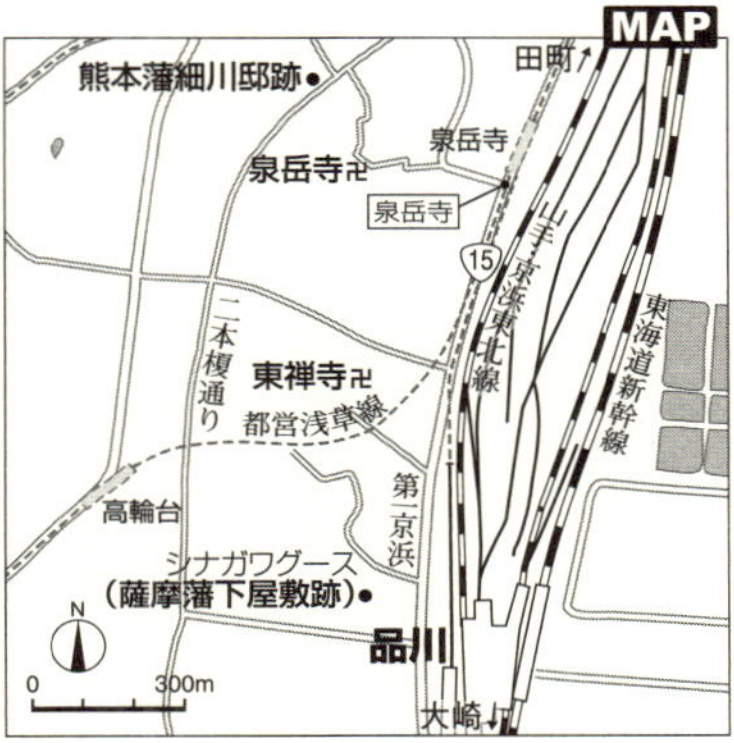

第一京浜に戻ってさらに北へ、泉岳寺《せんがくじ》交差点を左へ登れば泉岳寺です。境内には赤穂義士《あこうぎし》の記念館や義士木造館など、赤穂浪士の四十七士ゆかりの寺で知られます。いつも線香の煙が絶えない四十七士の墓所にお参りしたら、熊本藩細川邸跡へも足を向けましょう。山門から細い道を抜け二本榎通りに出たら、高輪一丁目アパートの裏手に「大石良雄《おおいしよしお》外《ほか》十六人忠烈の跡」が保存されています。

品川区でなくなぜ港区に？品川駅の設置にはこんな経緯があった！

品川駅（品川停車場）は明治五年（一八七二）、新橋駅〜横浜駅（現在の桜木町駅）間に日本最初の官営鉄道が敷設されたときに設置されました。木造平屋二棟の駅舎は、横浜駅より二ヶ月早く完成した日本最古の鉄道駅でした。

品川停車場の設置は当初、品川宿（現在の北品川）に予定されていましたが、蒸気機関車の煤煙の被害が出るとか、宿場が寂れると住民に反対され、北側の高輪下の海を埋め立てて駅舎を設けました。駅名は品川なのに港区に位置するのは、こうした理由からです。明治二十九年（一八九六）に構内を拡張したとき、ほぼ現在地に移されました。線路の東側（港南）の大部分は、明治時代以降の埋め立てにより造成されています。

西口の駅前に立つ品川駅創業記念碑は、新橋駅～横浜駅間が開業する四ヶ月前に、品川駅～横浜駅間で一日二往復の営業運転を開始した記念碑です。所要時間は、品川駅～横浜駅間が三十五分。運賃は米一升（一・五キログラム）が四銭のとき、上等が片道一円五十銭もしました。

明治十八年（一八八五）には、新橋駅～横浜駅を走る官営鉄道に連絡して、民営による日本鉄道の品川線の品川駅～赤羽駅間二十・一キロメートルが開通し、目黒、新宿、目白、板橋の四駅が設けられました。これが山手線の始まりです。

オールコックが東禅寺で水戸浪士に襲撃された理由は富士登山だった？

東禅寺は、安政五年（一八五八）に結んだ日英修好通商条約により、翌年からイギリス公使（総領事）のラザフォード・オールコックが駐在した地でもあり、イギリス公使館だった当時の玄関や奥書院が現存しています。

イギリス公使宿館であった頃、攘夷派による二回の襲撃事件が起きました。一回目は文久元年（一八六一）、攘夷派の水戸浪士である有《あり》賀《が》半弥《はんや》らによるもの。理由はオールコックが富士山へ登ったからで、霊峰富士が異民族に汚されたのが気に入らなかった、とのことでし

東禅寺

た。当時、オールコックは浴槽に隠れて助かりましたが、警護の幕臣二名が殺傷されてしまいました。

翌年には、オールコックの警護役が、寝室に近づいて襲撃を企てました。しかし発見されたため、水兵二名が斬殺されてしまいます。首謀者は信濃松本藩の藩士で、外国人への反感と、オールコックの警護による藩の出費を憂いたのが動機でした。また、一回目の襲撃事件の前年、オールコックの通訳だった伝吉が、門前で刺殺されています。伝吉は漁師の出で、外国を転々とした後イギリスに帰化した素性も、標的となった一因でした。

義士か、罪人か。討ち入り後の赤穂浪士を預かった藩にこんな扱いの違いが!?

吉良《きら》邸へ討ち入った後の浪士たちですが、その後、四家の江戸屋敷へ分けられ、お預け（拘禁）の身とされました。幕府から切腹を申し伝えられるまでの間、それぞれ対応に違いがあったとされています。

熊本藩細川邸には、大石良雄（内蔵助）ら十七名の浪士が預けられました。討ち入り後、浪士が細川邸に到着したのは午前二時を回っていましたが、藩主の細川綱利《つなとし》はすぐさま彼らに会い、討ち入りをほめました。その後もたびたび幕府へ赦免の嘆願を行い、全員を召し抱えたいと公言していたといいます。

伊予《いよ》松山藩久松《ひさまつ》邸には、大石主税《ちから》ら十名が預けられ、捕縛されることなく食事も普通にふるまわれたといいます。現在はイタリア大使館で、徳富蘇峰《とくとみそほう》の撰文による碑が立てられ、浪士の命日には大使らにより供養が行われています。

一方、岡崎藩水野邸（港区芝五丁目）には、神崎与五郎《かんざきよごろう》ら九名が預けられました。屋敷の庭を竹垣で二重に囲んだ中に全員まとめて押し込み、四六時中監視がついていました。長府《ちょうふ》藩毛利邸《はんもうりてい》（港区六本木一丁目・現テレビ朝日）には、岡嶋八十右衛門《おかじまやそえもん》ら十名が預けられ、ここでも冷遇されたといいます。

討ち入りの後は消息不明
寺坂吉右衛門はどこへ消えてしまったのか?

泉岳寺は赤穂藩浅野家の菩提寺で、長矩《ながのり》（内匠頭《たくみのかみ》）は赤穂事件による切腹後にここの墓地に葬られています。中門を入ると、山門の右手に大石内蔵助の像が立っています。浅野家の家老で、浪士の意志を一つにまとめ続けて本懐を遂げた、赤穂浪士の頭領です。元禄十六年（一七〇三）、仇討ちを遂げた大石良雄以下の赤穂浪士が切腹すると、一同はこの寺に葬られました。

墓地には、冷光院（長矩）と夫人の瑤泉院《ようせんいん》の墓、一段高いところに四十七士の墓が並んでいます。東側奥の「遂道退身《ずいどうたいしん》信士」と書いてある墓は、討ち入りの日に行方知れずになった寺坂吉右衛門の墓です。

さて、寺坂吉右衛門は本当に討ち入りに加わっていたのでしょうか。四十七士の中で、足軽という低い身分で加わったのは寺坂だけです。討ち入りの日も足軽頭《あしがるがしら》の吉田忠左《ちゅうざ》衛門《えもん》に従って、吉良邸に向かいました。しかし、首尾よく上野介の首をとり、一行が泉岳寺に引き上げたときには寺坂の姿はありません。いつどこで姿を消したのか、どうしていなくなったのか、すべては謎です。大石良雄に命ぜられ、浅野本家のある安芸《あき》（広島）へ報告に行ったともいいます。晩年は土佐藩山内家の分家に仕え、延享《えんきょう》四年（一七四七）に病死し、麻布の曹《そう》渓《けい》寺《じ》に葬られました。

泉岳寺・大石内蔵助像

泉岳寺・四十七士の墓

田町駅

田町
たまち
浜松町　品川
Tamachi

福沢諭吉ゆかりの慶應義塾大学三田キャンパスを歩き幕末史の舞台を巡る

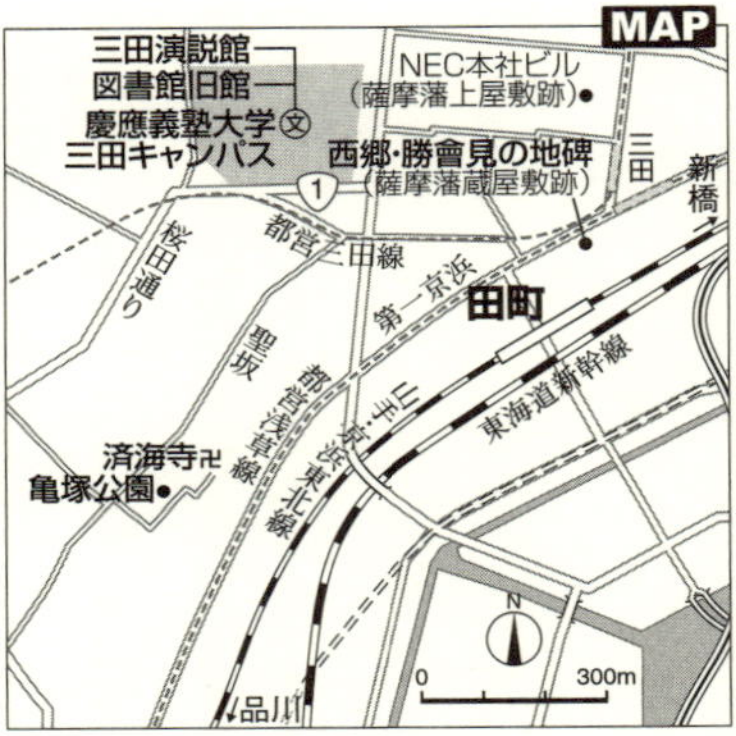

慶應義塾大学の学生街である田町。三田キャンパスへは駅の三田口を出て、学生たちで賑わう慶応仲通りを歩いて行きますが、その前に西郷《さいごう》・勝《かつ》会見の地碑を見ておきましょう。駅から第一京浜を東に百メートルほど、第一田町ビルの前に碑が建っています。幕末に西郷隆盛と勝海舟が薩摩藩蔵屋敷で会見し、江戸城無血開城を決め、江戸が戦火を免れた記念すべき場所です。

慶應義塾大学三田キャンパスでは、文学部の二年生～四年生と経済学部、法学部、商学部の三、四年生および大学院生が学んでいます。正門（南門）から右手の緩やかな坂を登ると、佐藤春夫の詩『ひともと銀杏《いちょう》葉《は》は枯れて／庭を埋めて散りしけば／冬の試験も近づきぬ／一句も解けずフラン

西郷・勝 會見之地碑

慶應義塾大学・福沢諭吉胸像

ス語』で知られる、大イチョウの手前右手の福澤公園へ。福沢諭吉《ふくざわゆきち》の住まいがあったところで、「福澤諭吉終焉之地」の碑が立っています。

赤煉瓦の図書館旧館前には、福沢諭吉の胸像があります。諭吉は十九歳で長崎に遊学したのをはじめ、幕末にも三度外遊し、欧米の近代文明を知る当代一の知識人でした。慶応義塾を創設したのは、明治元年（一八六八）のこと。『西洋事情』を刊行し、欧米文明の紹介に努めました。

図書館内のステンドグラス「ペンは剣より強し」は、甲冑《かっちゅう》の武将がペンを手にした自由の女神を迎える、勇壮な絵柄です（見学は平日の九時〜十七時）。構内の南側の通称稲荷山にある三田演説館（内部非公開）は、なまこ壁が特徴の建物で、ともに国の重要文化財です。

構内を出て聖坂《ひじりざか》を登ると、亀塚《かめづか》公園があります。幕末にフランス公使館になった済海寺《さいかいじ》の隣にある小さな公園です。

移転のタイミング次第で慶応大学は「明治大学」になっていたかも？

安政五年（一八五八）、福沢諭吉は二十五歳のとき、藩命により築地鉄砲洲《てっぽうず》（中央区明石町、現在の聖路加《せいろか》国際病院あたり）の中津藩中屋敷で蘭学《らんがく》塾を開きました。これが慶應義塾の起源です。塾生は数人で、一階は六畳一間だけ。二階は十五畳でした。その後、塾は鉄砲洲→新銭座《しんせんざ》→鉄砲洲→新銭座と、移転を繰り返しました。

二度目の新銭座への移転は、慶応四年（一八六八）四月のことです。有馬家控屋敷（港区浜松町一丁目、神明小学校付近）の一部を買い取り、新校舎が完成すると、時の年号をとって塾名を「慶應義塾」としました。この年は江戸幕府が瓦解《がかい》して九月に明治と改元され、一月一日までさかのぼって明治元年とされたため、本来は慶応四年はありません。新銭座からの移転が半年ほど遅れていたら、慶応大学ではなく明治大学になっていたかもしれません。

慶應義塾大学図書館旧館

慶応義塾が新銭座から、三田の高台にある島原藩松平家の中屋敷跡に移ったのは、明治四年（一八七一）のこと。現在の三田キャンパスです。約一万二千坪の屋敷地を借用し、翌年払い下げを受けました。高台にあり、海に面してさえぎるものがなく、湿気が少ないこの地を諭吉は「空気清く眺望佳なり、義塾唯一の資産」と自慢しています。

図書館旧館は、慶應義塾創立五十年記念事業の一環として、三年ほどの歳月を費やし明治四十五年（一九一二）に竣工しました。設計・監督は辰野金吾《たつのきんご》とともにジョサイア・コンドルに学んだ、日本人建築家の第一期生曾《そ》禰《ね》達蔵《たつぞう》と後輩の中條精一郎《ちゅうじょうせいいちろう》です。二人は曾禰中條建築事務所を立ち上げ、多くのオフィスビルを手掛けています。

図書館の外観は、赤煉瓦と花崗岩を使用したイギリス風ゴシック建築です。本館（地階・地上三階）、書庫（地上六階）、東南隅にある八角塔（地上四階）を合わせた建坪は二百坪（六百六十平方メートル）。蔵書数と閲覧席の規模は当時、帝国図書館に次ぐ大図書館でした。昭和四十四年（一九六九）に国の重要文化財に指定されています。

入口ホールの階段上を飾る、「ペンは剣より強し」とラテン語で記されたステンドグラスは、戦災で壊れましたが、和田英作の原画が保管されていたので、昭和四十九年（一九七四）に復元されました。

三田演説館は、福沢諭吉が欧米のスピーチの習慣にならい、演説の訓練場として私財二千数百円を投じて建てました。明治八年（一八七五）五月一日に、日本最初の演説会堂として開館し、毎月のように演説会が催されました。木造瓦葺き、洋風、なまこ壁の建物は、昭和四十二年（一九六七）に国の重要文化財に指定されています。平成七年（一九九五）から一年四カ月かけて解体修復されました。

幕末史の要所が集まる田町界隈に今も古墳が存在する？

田町には江戸期の終わりに薩摩藩上屋敷と蔵屋敷が置かれており、蔵屋敷で西郷隆盛と勝

済海寺隣の亀塚公園。右奥が円墳

海舟の二人が会見し、江戸城無血開城が決められました。江戸城総攻撃が目前の慶応四年（一八六八）三月十四日のことで、おかげで江戸は戦火を免れた記念すべき場所です。

上屋敷の敷地だった一角には現在、NEC本社ビルが建っており、その一角に屋敷跡の碑が残っています。また予備的な会談は前日の十三日に、薩摩藩下屋敷（六一ページ参照）で行われました。開城は四月十一日。明治と改元されたのは九月八日です。

当時は蔵屋敷の裏は江戸湾が広がっており、薩摩から船で送られてくる米などをここで陸揚げしていました。

田町界隈の幕末の史跡はほかに、フランス公使館が置かれた済海寺があります。安政六年（一八五九）の日仏通商条約によるもので、初代臨時公使デュシェーヌ・ド・ベルクールが駐在しました。当時、イギリスとフランスは世界の二大強国として対立しており、文久三年（一八六三）に着任した次の公使のレオン・ロッシュは、薩摩藩と長州藩を援助するイギリスに対抗して幕府を援助し、活発な外交を行いました。済海寺は明治三年（一八七〇）まで、フランス公使館として使われました。

隣接する亀塚公園には、江戸時代には上州沼田藩土岐《とき》家の下屋敷がありました。園内には亀塚という円墳があり、土師器《はじき》や須恵器《すえき》の破片が出土しています。この地は平安期の中ごろに菅原孝標娘《たかすえの》が書いた『更級日記《さらしな》』に記された、皇女と武蔵国出身の兵士との恋物語で名高い竹柴寺の伝説の地と伝えられています。

浜松町駅

浜松町
はままつちょう
新橋　田町
Hamamatsucho

広大な寺院だった
増上寺の名残を巡り
日本有数の観光名所から
東京を一望

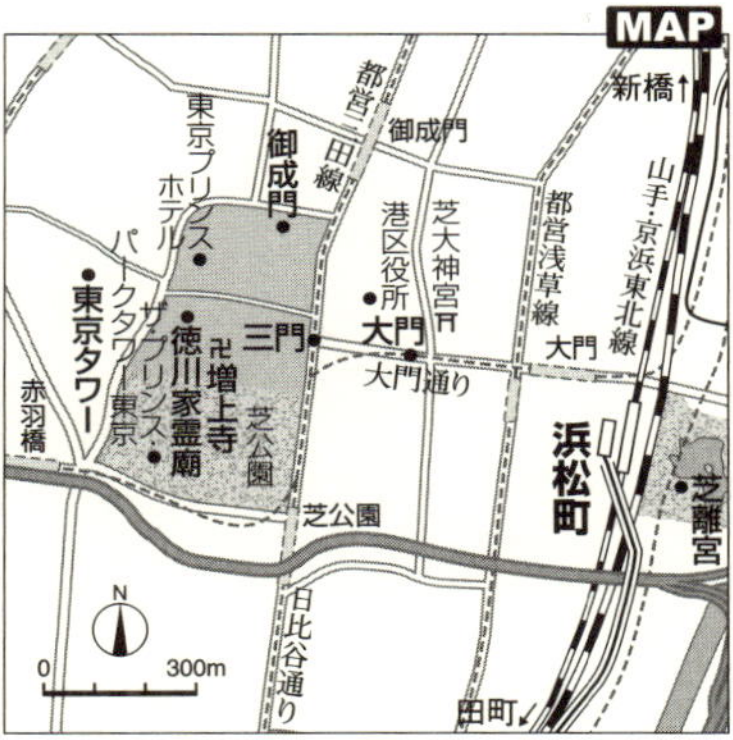

浜松駅北口から大門《だいもん》通りを歩いて増上寺《ぞうじょうじ》を目指すと、瓦葺きの門に突き当たります。増上寺の総門である大門で、地名の由来にもなっています。現在の門は、昭和十二年（一九三七）にコンクリート製に造り直されたものです。大門を直進すると、正面に三門《さんもん》が見えてきます。

増上寺は、安土桃山時代に徳川家康が関東を治めるようになった際、菩提寺として浄土宗の寺の中から選ばれた寺です。慶長三年（一五九八）に現在地に移転、かつての寺域は広く、芝公園全域と東京タワーや東京プリンスホテルまで、増上寺の敷地でした。

三門は境内では最も古い、元和八年（一六二二）の建築です。二層建てで、上層の屋根が

増上寺・三門

増上寺・大殿

下層の屋根より大きいので、重厚さを増しています。三門とは「三解脱門《さんげだつもん》」の略で、大《だい》殿《でん》（本堂）を煩悩《ぼんのう》の炎が燃え尽きた寂静な世界、悟りの境地である涅槃《ねはん》にたとえ、この門で欲望の源である貪欲《むさぼり》、瞋《しん》恚《い》（怒り）、愚痴の三つの煩《ぼん》悩《のう》から解放されてから、大殿へ向かいます。

大殿には、室町時代に造られた本尊の阿弥陀如来《あみだにょらい》、両脇壇には高祖善導大師《ぜんどうだいし》、元祖法然《ほうねん》上人がまつられています。北隣の安国殿《あんこくでん》は、家康の法名「安国院殿」から名をとっており、家康の念持仏《ねんじぶつ》の黒本尊《くろほんぞん》阿弥陀如来がまつられています。

徳川家霊廟を御参りしたら、東京プリンスホテルの東隅付近に建つ二天門《にてんもん》と御成門《おなりもん》を見てから、増上寺の西側にある東京タワーに寄って浜松町駅に戻り、駅東側の芝離宮《しばりきゅう》へと足をのばしてみましょう。

空襲を逃れ、現存する増上寺の建物はこれだけしかない？

増上寺は昭和二十年（一九四五）の空襲で、ほとんどの建物を焼失しました。現在も当時のまま残る建造物は、数えるほどしかありません。

増上寺・徳川家霊廟

増上寺南側のザ・プリンス パークタワー東京が建つ敷地には、台徳院《だいとくいん》（二代将軍秀忠《ひでただ》）と崇源院《すうげんいん》（秀忠の正室・江《ごう》）の霊廟がありました。現存する建物は寛永九年（一六三二）に三代将軍家光《いえみつ》が建立した、旧台徳院霊廟の惣門《そうもん》だけです。三間一戸八脚門《さんげんいっこはっきゃくもん》、屋根は入母屋《いりもや》造り、正面に唐破《からは》風《ふ》を持つ銅板葺きの立派な門です。秀忠は霊牌以外何も造るなと遺言しましたが、家光は権勢誇示のため豪壮華麗な霊廟を造らせ、日光廟を大修理するときの規範としたと伝えられています。このほか勅額門《ちょくがくもん》、御成門、丁字門《ちょうじもん》の三つの門も焼け残り、埼玉県の狭山《さやま》不動寺に移築されています。

北側の東京プリンスホテルの敷地には、文昭院《ぶんしょういん》（六代家宣《いえのぶ》）、有章院《ゆうしょういん》（七代家継《いえつぐ》）、惇信院《じゅんしんいん》（九代家重《いえしげ》）、慎徳院《しんとくいん》（十二代家慶《いえよし》）、昭徳院《しょうとくいん》（十四代家茂《いえもち》）の歴代将軍と、静寛院《せいかんいん》（十四代家茂正室・和宮《かずのみや》）ら夫人たちが葬られた霊廟がありました。現存する二天門は、有章院霊廟の惣門です。銅瓦葺、切妻造りの八脚門で、左右に広目天《こうもくてん》と多聞天《たもんてん》が置かれているので、二天門といいます。

もう一つ、御成門も現存しています。増上寺の裏門として造られましたが、将軍の参詣の際に利用されたことからそう呼ばれるようになりました。かつては三田線御成門駅のある御成門交差点の位置にありましたが、明治二十五年（一八九二）に移築され、東京プリンスホテルの一角に保存されています。

徳川家霊廟の改装時に見つかった和宮様の夫婦愛の証とは？

増上寺安国殿の後ろにある徳川家霊廟は、空襲から焼け残った墓を一ヶ所にまとめ、改葬した霊廟です。文昭院（六代家宣）霊廟の中門であった鋳抜門《いぬきもん》から霊廟内に入ると、大きな宝塔が並んでいます。二代秀忠夫妻の墓から時計回りに、七代家継、九代家重、十二代家慶、将軍生母と側室等の合祀搭があり、その右に和宮、十四代家茂、六代家宣《いえのぶ》夫妻の墓が並びます。

墓地改葬のときの話ですが、棺に葬られていた和宮の右手には、夫の家茂の写真が握られていたそうです。和宮は有栖川宮《ありすがわのみや》熾仁親王《たるひとしんのう》と婚約していましたが、公武合体策によって婚約を破棄させられ、徳川家茂のもとへ降嫁《こうか》させられた悲劇の皇女といわれます。政略結婚の犠牲になったと尊王家を怒らせ、和宮の降嫁を画策した老中の安藤信正《のぶまさ》を水戸浪士たちが襲撃した「坂下門外の変」が起きたほどでした。和宮も「惜しまじな　国と民とのためならば　身は武蔵野の　露と消ゆとも」と、悲壮な気持ちで結婚しました。

結婚生活は四年八ヶ月と短かったのですが、夫婦の愛情はとても深かったといいます。大坂城で家茂が病死すると、和宮は形見の羽織を抱いて何日も泣き伏していたそうです。官軍が江戸を攻めたとき、かつての婚約者であり、東征大総督である有栖川宮に書を送り、江戸を兵火から避けるよう願ってもいます。

電波塔だった東京タワー、まだその機能は残っているの？　芝離宮の池は海とつながっていた？

東京タワーは東京の代表的な観光名所である一方、昭和三十四年（一九五九）から東京の全テレビ局が使用してきた電波塔が、本来の役目でした。しかし平成二十五年（二〇一三）

芝公園から見る東京タワー

五月から、地上デジタルテレビ放送七局の送信所が東京スカイツリーに移転し、東京タワーは予備電波塔になりました。

東京タワーが完成したのは、昭和三十三年（一九五八）です。テレビ放送の多局化を前に、東京地区のテレビ塔を一本化するため、内藤多仲《たちゅう》の設計で建設されました。高さは三百三十三メートル。百五十メートルと二百五十メートルの二ヶ所に展望台が設けられ、鉄塔の脚下の東京タワーフットタウンには、水族館に名店街などがあります。

芝離宮の起源は、貞享《じょうきょう》三年（一六八六）に小田原藩主の大久保忠朝《ただとも》が上屋敷に作庭した、広さ三万四千平方メートルの回遊式庭園、楽寿園《らくじゅえん》です。幕末には紀州徳川家の芝屋敷、明治四年（一八七一）には有栖川宮邸となった後、明治八年に宮内省が買いあげ、翌九年に芝離宮となりました。砂浜を模した州浜《すはま》、後北条氏の武将松田憲秀《まつだのりひで》邸の石柱、中国杭州《こうしゅう》の西湖《せいこ》を模した西湖堤などが見どころです。かつては江戸湾から潮の干満で海水が出入りする「潮入の池」がありましたが、今は海とつながっていません。

新橋駅

鉄道の発祥の地の停車場跡から将軍家の別邸をそぞろ歩き愛宕山へ

MAP

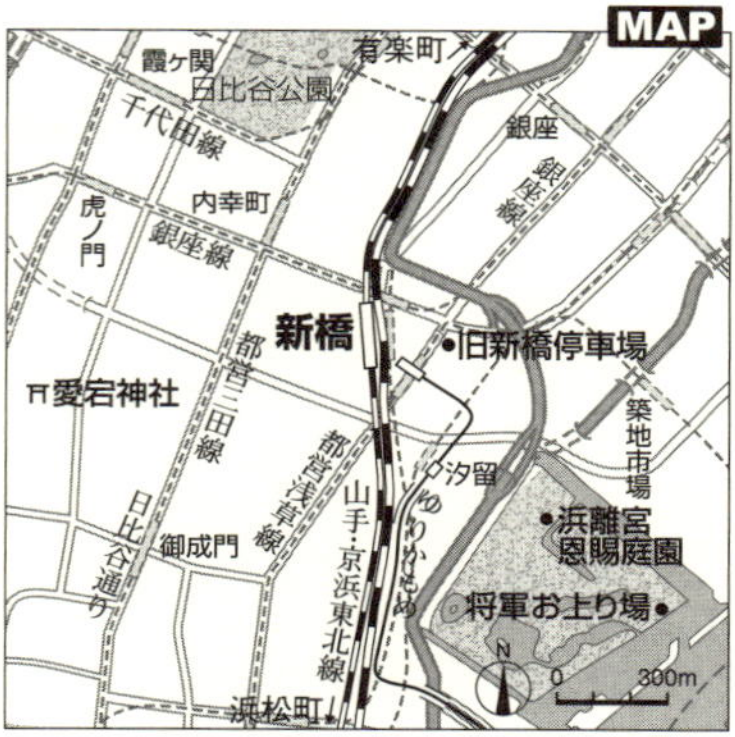

新橋駅は日本初の鉄道が開業した際、横浜（現在の桜木町）とともに設置された駅です。汐留《しおどめ》のオフィスビル群の一角がその場所で、銀座口を出て外堀通りを東に歩き、第一京浜を渡った昭和通り沿いに、旧新橋停車場があります。

この地は十七世紀前半～幕末まで、龍野《たつの》藩《はん》脇坂《わきさか》家、仙台藩伊達《だて》家、会津藩保科《ほしな》家の屋敷がありました。明治に入ってから三家の敷地は新政府に接収され、鉄道用地になりました。現在、新橋停車場の跡地は、再開発により生まれ変わっていますが、工事に先立つ発掘調査の際には、駅舎とプラットホームの礎石などが発掘されています。

汐留の南側にある浜離宮恩賜《はまりきゅうおんし》庭園は、江戸時代には浜御殿と呼ばれた将軍家の別邸で、潮《しお》入《いり》の池と二つの鴨場《かもば》がありました。幕末には南端に砲台が築かれ、海軍奉行の所管になっていました。東岸の水上バス乗り場の近くに、「将軍お上り場」があり、海に下りる古い石段が残っています。

新橋駅の西側へと足を向けると、「汽笛一斉新橋を　はやわが汽車は離れたり　愛宕《あたご》の山に入残る　月を旅路の友として」から始まる鉄道唱歌に歌われた愛宕山が、駅から一キロメートルほどに位置します。自然の山としては東京二十三区内で最も高く、標高は二十五・七メートル。山上にある愛宕神社は、江戸時代から火伏《ひぶせ》の神として信仰されてきました。神社に至る男坂は、「出世の石段」と称される急勾配の石段で、ためらう人は愛宕トンネルの手前のエレベーターを利用すると、ＮＨＫ放送博物館に出ます。前身の東京放送局があった場所で、大正十四年（一九二五）に日本初のラジオ放送が送信されました。

鉄道発祥の新橋停車場は現在の汐留。ではいまの新橋駅のもとの名は……？

明治五年（一八七二）十月十四日（旧暦九月十二日）に、新橋駅と横浜駅を結ぶ日本初の鉄道の開業式が行われました。始発駅となった新橋停車場には、アメリカ人リチャード・ブリジェンスの設計によって、平屋の正面玄関の左右に木骨石張り二階建ての駅舎が、前年に完成していました。新橋停車場は話題を集め、まるで社交場のように賑わい、ちょっと気取って「新橋ステンション」などと呼ばれました。

旧新橋停車場

旧新橋停車場・0哩標識

鉄道開通式は、明治天皇臨席のもと盛大に行われ、構内には山車《だし》が引き入れられ、鉄道開業のお祝いを盛り上げました。明治天皇が乗車した汽車は、午前十時にお雇い外国人の運転で新橋駅を出発すると、日比谷練兵場では近衛《このえ》砲兵による百一発の祝砲が、品川沖に停泊の軍艦からも二十一発の礼砲が放たれました。

大正三年（一九一四）に東京駅が完成し、旅客ターミナルの機能が新橋から東京へ移ると、新橋駅は貨物専用駅となり汐留駅と改称し、烏森《からすもり》駅が新橋駅を名乗るようになりました。これが現在の新橋駅です。その後汐留駅は、大正十二年（一九二三）の関東大震災の火災で、開業当時の駅舎が焼失。プラットホームなどは残りましたが、これも昭和九年（一九三四）～昭和十一年（一九三六）にかけて行われた改良工事の際、貨物輸送の拠点としての機能が優先され、解体されてしまいました。

戦前、戦後を通じて、汐留駅は貨物輸送の主役として東京の経済活動を支えていましたが、次第にトラックによる輸送が主体となり、鉄道貨物は減少していきました。そして昭和六十一年（一九八六）、汐留駅は廃止されます。

旧新橋停車場は、開業当時の駅舎の外観を当時と同じ場所に、できる限り忠実に再現しています。建物内にある鉄道歴史展示室は、二階に鉄道の歴史や汐留界隈の郷土史をテーマにした企画展示がされています。ガラス張りの床の一部からは、開業当時の駅舎基礎石積みの遺構も見ることができます。建物の南側には、鉄道発祥の証である0哩標識《ぜろまいるひょうしき》と車止め、レールが復元されています。プラットホーム（一部）の遺構と再現された石積み、駅舎玄関遺構などからも、当時の雰囲気を味わえます。

浜離宮庭園へひっそりと逃げ帰った徳川慶喜がとった思わぬ行動とは?

浜離宮庭園の園内には、江戸幕府将軍が隅田川の川遊びをしたときなどに、休息で浜御殿に上陸する際の船着場「将軍お上り場」が残っています。

浜離宮庭園・将軍お上り場

この船着場は、慶応四年（一八六八）に鳥羽《とば》・伏見《ふしみ》の戦いで敗れた徳川慶喜《よしのぶ》が、大坂城から海路江戸に逃げ帰った際、上陸した地でもあります。

慶喜は、鳥羽・伏見の戦いで幕府軍の敗色が決定的になると、老中首座の板倉勝静《かつきよ》、京都守護職の松平容保《かたもり》、京都所司代《しょしだい》の松平定敬《さだあき》らを従えて、家臣たちに気づかれないように大坂城を脱出しました。家臣たちが慶喜たちの脱出を知ったのは、翌朝のこと。慶喜が乗船した開陽《かいよう》丸《まる》は悪天候のため、八丈島の北へ五～六里も流され、ようやく江戸湾に錨《いかり》をおろしたのは脱出後六日経っていました。

慶喜は浜御殿に上陸すると、日頃嫌っていた勝海舟を呼び出しました。この時局を収められるのは勝しかいない、と判断してのことだったようです。

男坂を馬で登れば……愛宕神社に伝わる出世の逸話とは？

愛宕神社は、幕末期のさまざまな事件にまつわる場所でもあります。万延元年（一八六〇）三月三日、大老井伊《いい》直弼《なおすけ》の襲撃（桜田門外の変）に向かう水戸浪士ら十八名は、愛宕山の山上に結集し身支度を整え、愛宕神社に手を合わせてから桜田門に向かいました。八十年後の昭和十六年（一九四一）に、当時東京市長であった大久保留次郎《とめじろう》の書で、境内に「桜田《さくらだ》烈士《れっし》愛宕山《あたごやま》遺蹟碑《いせきひ》」が立ちました。拝殿には、浪士結集の様子を描く絵馬も架かっています。

また幕末の江戸城総攻撃の直前には、ここで勝海舟が西郷隆盛に江戸の市街を見せ、兵火で焼く無益を説いたと伝えられています。山上からは江戸市街はもちろん、東京湾や房総半島まで望めるほど、さえぎるものがない展望の地でした。

現在「男坂」と称される、八十六段、四十度の急勾配の石段には、「出世の石段」といわれるこんな逸話があります。徳川三代将軍家光《いえみつ》が、愛宕山の山上に梅が咲いているのを見つけました。「誰か梅の枝を取ってくる者はいないか」と言ったところ、家臣である曲垣《まがき》平九《へいく》

愛宕神社・「出世の石段」と呼ばれる男坂

郎《ろう》が馬で石段を駆け上がり、見事枝を取ってきて差し出したといいます。この坂を騎馬で登った者は、明治から大正にかけてさらに二名いると伝えられています。

有楽町駅

有楽町
ゆうらくちょう
東京　新橋
Yurakucho

昔も今も
日本屈指の観光名所の
皇居を巡って
江戸城の名残を訪ね歩く

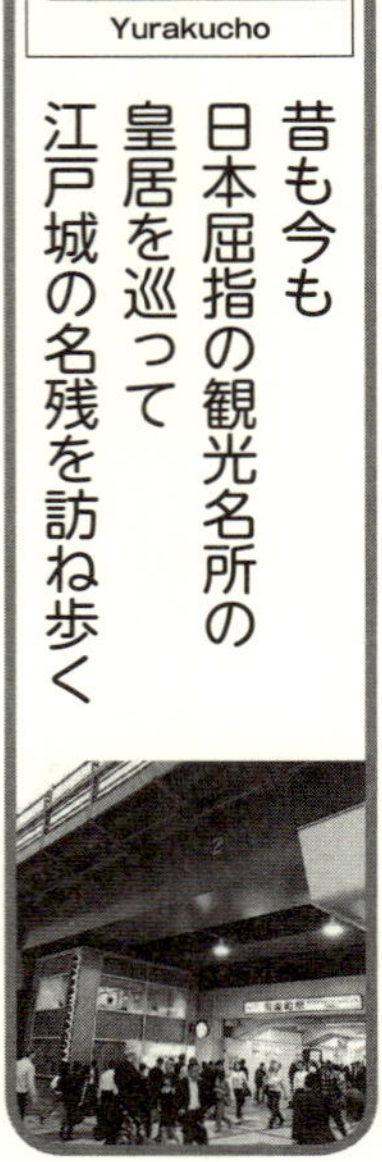

有楽町駅は銀座の玄関口である一方、江戸城だった皇居のお膝元でもあり、周囲はかつて各藩の屋敷が集中した、いわばお江戸の官庁街だったエリアです。国際フォーラム口を出てすぐ、東京国際フォーラムが建つ地も、当時は土佐藩山内《やまのうち》家の上屋敷でした。館内には、長禄元年（一四五七）に太田道灌《おおたどうかん》が江戸城を築城してから五百年（開都五百年）を記念して、昭和三十一年（一九五六）、彫刻家朝倉文雄《あさくらふみお》作の太田道灌像が立っています。

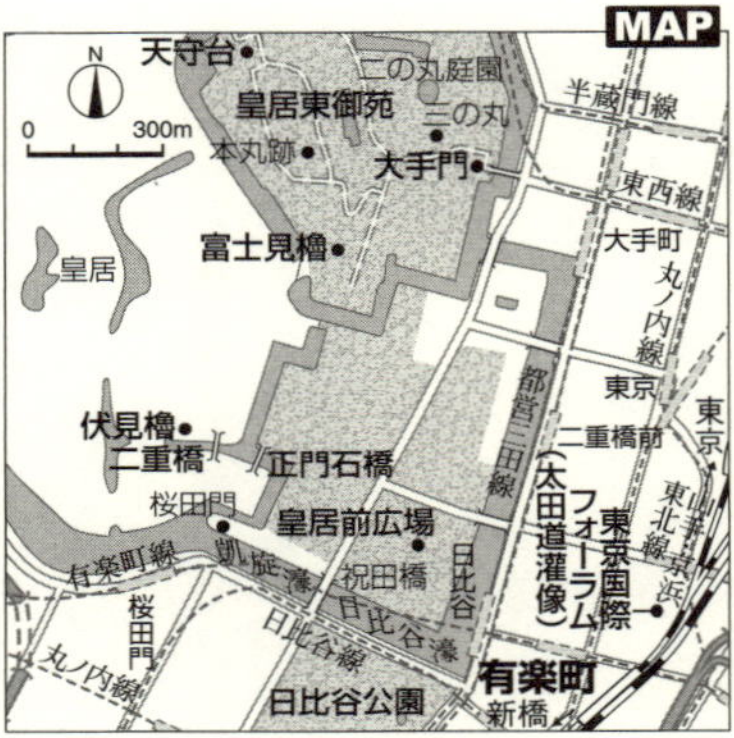

西に歩き、日比谷公園に向かいます。この公園は明治三十六年（一九〇三）に開園した、わが国最初の洋式公園です。江戸時代には長門《ながと》萩《はぎ》藩の毛利《もうり》家、佐賀藩鍋島《なべしま》家の上屋敷などがあり、明治二十五年（一八九二）まで近衛《このえ》師団の練兵場

になっていました。東京市は設計を、日本銀行本店や東京駅の設計を手がけた辰野《たつの》金吾《きんご》に依頼しますが、公園の設計は畑違いのため、ドイツで林学を学んだ本多《ほんだ》静六《せいろく》に依頼して造園さ

日比谷公園・心字池

江戸城天守台

れました。心字池《しんじいけ》は江戸城の堀の跡で、日比谷見附門《ひびやみつけもん》脇の石垣に見られるさまざまな刻印は普請《ふしん》の際の名残です。

凱旋濠《がいせんぼり》と日比谷濠の間の祝田橋《いわいだばし》を渡ると、皇居前広場に出ます。祝田橋も凱旋濠も日露戦争に勝ったときに名付けられ、内堀通りも当時は凱旋道と称していました。皇居前広場から見える伏見櫓《ふしみやぐら》は、京都の伏見城の櫓を移したものです。

江戸城の城主は太田道灌から扇谷上杉《おおぎがやつうえすぎ》氏、小田原北条氏の時代を経て、天正十八年（一五九〇）に徳川氏の居城となりました。徳川家康は、慶長八年（一六〇三）に江戸幕府を開府してから、江戸城の拡張に着手しました。江戸城の完成系は、家康、秀忠《ひでただ》、家光《いえみつ》の三代にわたる天下普請により築かれたものです。

皇居東御苑《こうきょひがしぎょえん》へは大手門から入り、三の丸、二の丸庭園、本丸跡の富士見櫓《ふじみやぐら》と天守台を歩いて、東京駅丸の内北口に戻ります。苑内はウメ、ハナショウブ、サクラをはじめ通年花が咲き、晩秋の紅葉は見事です。

おっ母さんが記念写真を撮った石橋は実は二重橋ではなかった？

皇居前広場から伏見櫓方面を望むと、手前に眼鏡橋の石橋である正門石橋、その奥には鉄

正門石橋（二重橋）と伏見櫓

橋が見えます。二重橋は正確には、江戸時代にこの鉄橋の位置に架かっていた木橋（正式には西の丸下乗《げじょう》橋《ばし》）の通称です。堀の水面から橋桁まで高さがあったため、まず下側に一つ橋を架け、その橋を土台にして上側にもう一つの橋を架けた構造で、橋桁が上下二段に架かっているような姿からその名が付いていました。

現在は一重の鉄橋に架け変わったこと、加えて正門石橋が二重アーチのため、現在では後者が二重橋と呼ばれることが多いようです。島倉千代子が歌い大ヒットした『東京だよおっかさん』の歌詞にある、記念の写真を撮ったのも、昭和三十二年（一九五七）という時代からこちらの橋かと思われます。

勤務日程も通勤経路も決まっていた!?
お江戸の大名の勤務事情とは？

大手門は城下町から登城する際の、いわば城の正門です。大手門から登城する大名は、親《しん》藩《ぱん》（徳川家の近親が封ぜられた藩。御三家、御家門に列する諸藩）、譜《ふ》代《だい》大名（関ヶ原の戦

江戸城大手門

い以前からの徳川氏の臣）に限られ、外様《とざま》大名（関ヶ原の戦いの後に臣従した大名）は桔梗《ききょう》門（内桜田門）からと決められていました。

登城する大名は、駕籠《かご》に乗ったまま大手門を通ります。お供は侍《さむらい》五名（十万石以上の大名は七名）＋挟箱《はさみばこ》（着替用の衣服を入れる箱）持ち一名＋草履《ぞうり》取り一名に制限されました。次の下乗門《げじょうもん》（三の丸大手門）からは駕籠を降りて歩き、お供の侍も二名（十万石以上の大名は三名）になります。本丸御殿の玄関からは、お供が付くことも認められませんでした。

また大名の登城日は決まっていて、一日、十五日、二十八日の月次登城日は、たとえ体の具合が悪くても登城しなくてはいけない日でした。そのほか、五節句（一月七日、三月三日、五月五日、七月七日、九月九日）も登城日で、桜田門外《さくらだもんがい》の変が起きた三月三日は井伊直弼《いいなおすけ》が桜田門から登城するのが、水戸浪士たちに分かっていたといいます。

現存する最古の江戸城の櫓は守りの要ではなく宴の場だった？

江戸城の天守台は高さ十一メートルほどの、本丸台地の最高所です。天守は明暦三年（一六五七）の明暦の大火（一五五ページ参照）の際、北西の窓から火が入ると、瞬く間に燃え落ちてしまいました。四代将軍家綱《いえつな》のとき、天守台の建造まで再建が進みましたが、補佐役の叔父である保科正之《ほしなまさゆき》が「もはや武力の象徴の天守は必要ない。江戸市中の復興に力を注ぐべきだ」と主張し、沙汰止みになりました。

江戸城の天守は、三度建て替えられています。最初の天守は、徳川家康が慶長十二年（一六〇七）に、本丸の中央西側に建てた五層の天守。その後、二代将軍秀忠が元和八年（一六二二）に天守を建てました。三代将軍家光のとき、寛永十五年（一六三八）に改築された寛永の天守は、地上から五十八メートル、金の鯱《しゃち》をのせた大天守でした。

明暦の大火の際には、本丸のみならず二の丸、三の丸も焼け落ち、家綱は城外への避難を

江戸城富士見櫓

考えたほどです。幸い西の丸は延焼を免れ、家綱は西の丸へ避難しました。その時、大奥《おおおく》の女性たちは外へ出たことがなく、西の丸がどこにあるのか分かりません。そこで機転を利かせた者が、畳を飛び石のように並べ、女性たちはこれを頼りに避難したといいます。

富士見櫓は万治二年（一六五九）の再建ですが、本丸では富士見多聞《たもん》とともにもっとも古い建造物です。太田道灌が、「我が庵は　松原つづき　海近く　富士の高嶺を　軒端にぞ見る」と詠った、静勝軒《せいしょうけん》という櫓跡に建っています。明暦の大火で天守が焼失した後、天守の役割を担いましたが、江戸時代は平和が続いたため、歴代の将軍たちはここで江戸湾や富士山を眺め、お月見をし、隅田川の花火を観賞したといいます。

東京駅

東京
とうきょう
神田　有楽町
Tokyo

赤レンガの駅舎から五街道の起点へ交通の要衝が集結する東京の、日本の中心地

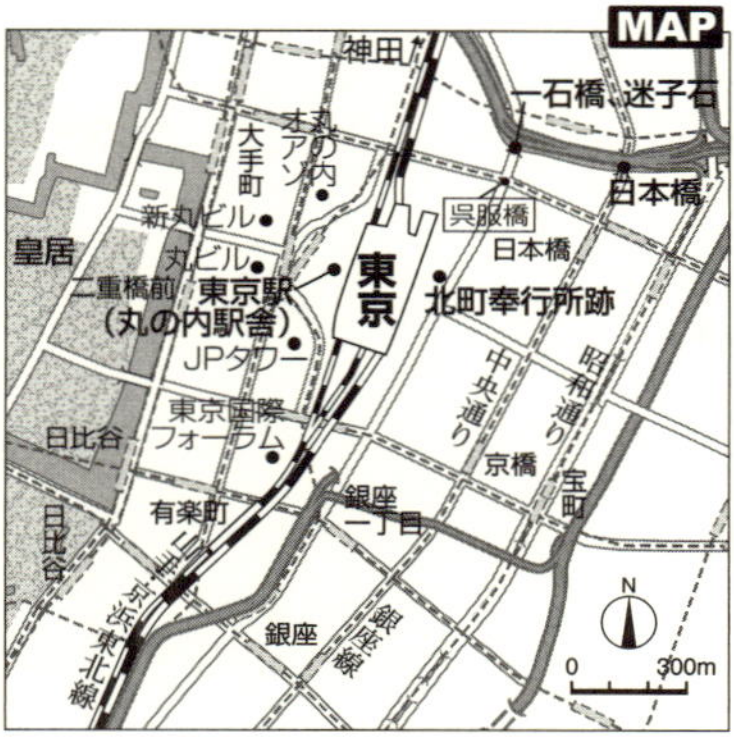

東京駅丸の内駅舎は、山手線の全駅の中で最も荘厳で美しい駅舎といっても過言ではないでしょう。丸の内北口の改札を出たらドームの天井を見上げ、駅舎を出たら赤煉瓦造りにドーム屋根の外観を眺めてみましょう。

幕末の頃の丸の内は大名小路と呼ばれたように、土塀をめぐらした大名の藩邸が並んでいました。現在の丸ビルあたりに岡山藩池田家、丸の内オアゾあたりには熊本藩細川家、ＪＰタワーあたりには三河岡崎藩本多家、東京駅の場所にも信濃松本藩松平家などがあり、丸の内一帯には二十五ほどの藩邸が建ち並んでいました。これらの藩邸は明治維新後に官有地になり、その後陸軍の練兵場や軍用施設を経て、三菱が払い下げを受け、現在の三菱地所の原点とな

っています。

北自由通路を通って八重洲北口に出ると、大丸百貨店脇に小さな通用口があります。狭い通路の壁に、北町奉行所《ぶぎょうしょ》の説明盤がはめ込まれているのが見つかるでしょうか。通路を出て、丸の内トラストタワーN館裏手には、北町奉行所の遺構があります。平成十二年（二〇〇〇）の遺跡発掘調査で、上水道や井戸、屋敷境の遺構などが発見されました。復元された石組みの溝は、下水溝の一部といわれます。

呉服橋《ごふくばし》交差点を北に向かうと、すぐに一石《いちこく》橋。橋の北には小判を作っていた金座《きんざ》の後藤庄三郎、南に呉服所の後藤縫殿助《ぬいのすけ》の邸宅があり、二軒の後藤を渡していることから五斗＋五斗＝一石で一石橋。言葉遊びが粋なネーミングですね。橋の南詰には、「満与ひ子の志るべ」（迷子石）という石柱が立っています。

日本橋川に沿って右折すると、日本橋の南詰に出ます。日本橋は明治四十四年（一九一一）に、現在の石造り二連アーチ橋に架け替えられました。橋の中央に日本国道路元標が埋め込まれ、橋の北詰西側には道路元標の複製と東京市道路元標が立っています。橋の上を首都高速道路が覆っていますが、道路が更新時期を迎えたのに加え、二〇二〇年の東京オリンピック開催も契機に、撤去を推進する動きも出てきています。

開業当初は丸の内口だけだった？ 東京駅の赤レンガ駅舎のここに注目！

東京駅丸の内駅舎

明治十六年（一八八三）に高崎線の上野～熊谷間が開通、明治二十二年（一八八九）には東海道線の新橋～神戸間が全通すると、北の玄関の上野駅と南の玄関の新橋駅を高架線で結び、中ほどに中央停車場を設ける計画がありました。東京駅はそれに基づき、辰野金吾《たつのきんご》の設計で明治四十一年（一九〇八）に建設に着手、大正三年（一九一四）十二月に開業しました。駅舎は埼玉県深谷《ふかや》市の、日本煉《れん》瓦《が》会社製の鉄筋レンガ造り。当初は乗降口は丸の内側にしかなく、南口が乗車口、北口が下車口と分かれていました。八重洲口が設置されたのは、昭和四年（一九二九）になってからです。

昭和二十年（一九四五）五月、空襲を受け東京駅は焼失しましたが、二年後には修復され、三階建てだった駅舎は二階建てとなり、南北のドーム屋根も丸型から台形へと変わりました。それを開業当時の姿へと復原することとなり、平成十九年（二〇〇七）に着工、平成二十四年（二〇一二）に完成しました。

ドーム屋根は創建時の古い写真と文献類の記述をもとに、丸い形状に復原されました。壁は漆喰《しっくい》塗り、装飾類は石膏にガラス繊維を混ぜ込み補強した、ガラス繊維強化石膏で製作されています。ドーム下の各コーナーには、左を向く八羽の鷲のレリーフが取り付けられています。干支《えと》の彫刻はその方位に合わせ、十二支のうち八支の彫刻が配置されています。ほか、秀吉の兜《かぶと》をモチーフにしたキーストーン、剣と鏡のレリーフ、鳳凰《ほうおう》、動輪と矢束《やたば》のレリーフなどが飾られています。

桜吹雪が目に入らぬか！の遠山の金さんは本当に遊び人で実在していた！

江戸時代の町奉行は、町の行政と司法を一手に引き受けていました。南町奉行所、北町奉行所に分かれ、原則として旗本《はたもと》が任じられ、役高は三千石ながら職務の重要さから、立場的に大小名《だいしょうみょう》格の扱いを受けていました。

江戸北町奉行と聞いてすぐに思い浮かぶのは、「遠山の金さん」ではないでしょうか。そ

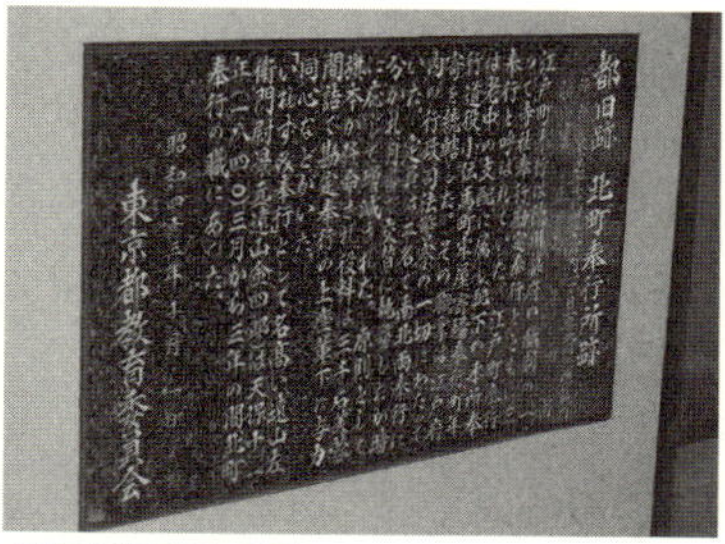

北町奉行所跡の碑

のモデルとされるのが、天保年間に北町奉行を務めた、遠山景元《かげもと》です。若い頃に放蕩生活を重ねており、彫り物を入れていたという話も伝わっています。ドラマでは裁きの場で、片肌を脱ぎ名台詞で決めていますが、実際には奉行職で彫り物を入れるなど御法度で、桜吹雪の真偽のほどは定かではありません。

遠山景元は、厳しい倹約を目的とした天保《てんぽう》の改革を推進する、老中首座の水野《みずの》忠邦《ただくに》、幕臣の鳥居《とりい》耀蔵《ようぞう》と、緩和を求めてたびたび対立しました。北町奉行を罷免《ひめん》されますが、後に南町奉行に返り咲き、同一人物が南北両方の町奉行を務めたのは異例でした。

江戸時代の迷子は今生の別れになりかねない大事件だった？

江戸期の日本橋から一石橋にかけては大変な盛り場で、迷子がたびたび出ました。そこで安政四年（一八五七）、日本橋西河岸町の十七人の家主が、一石橋の南詰めに「満与ひ子の志るべ」という石柱を立てました。当時は江戸の人口は百二十万人を越え、盛り場で子供を

一石橋・迷子石

見失うとそのまま生き別れとなるのも、珍しくなかった時代です。

石柱の横面には「志らする方」とあり、迷子を預かった人と探す人それぞれ、顔つきや年齢、着物や特徴を書いた紙を、石柱の上部の窪みに貼り情報を交換しました。迷子石は浅草寺や湯島天満宮にもありましたが、一石橋のものが最も古いです。

迷子石は明治十年頃まで活用されましたが、警察制度が整い交番に迷子が保護されるようになり、その役目を終えました。

江戸の老舗が集まる日本橋界隈
橋のたもとは見せしめの場だった……？

日本橋は、徳川家康が江戸に幕府を開いた慶長八年（一六〇三）に架けられ、翌年には五街道の起点になりました。日本橋界隈はこれを契機に町が形成され、江戸随一の賑わいを見せるようになりました。

橋の北詰東側には、「日本橋魚河岸記念碑」があります。家康に招かれ、魚を城の台所に献上していた摂津《せっつ》（大阪）の漁師たちが、納めた残りの魚類を一般の人々に販売するために、元和二年（一六一六）に魚市場が開かれたところです。魚河岸は日本橋と江戸橋の間の日本橋川北岸一帯に及び、一日に千両の金が落ちるといわれた活気ある商いの場でした。

　魚のみならず、当時は江戸へ船で運ばれてきた物資は、日本橋周辺で陸揚げされてから市中へと流通していきました。界隈にはさまざまな業種の問屋や大店が軒を並べ、一丁目には呉服の白木屋《しろきや》、菓子の榮太楼《えいたろう》、二丁目にはお茶の山本山《やまもとやま》、橋の北側には呉服の越後屋《えちごや》など、現在でも耳にする屋号の老舗も少なくありません。

現在の日本橋

　界隈は人出の多い盛り場だったことから、幕府の御《お》触書《ふれがき》を木の札に書いて張り出し、庶民に知らせた高札《こうさつ》場《ば》が南詰に設けられていました。跡地には現在、「日本橋由来記の碑」が立っています。その向かいで現在交番があるところは、心中の未遂者、女犯の僧、人殺しの犯罪人の晒《さら》し場でした。見せしめ効果があるように、人が集まる場所を選んだようです。

神田駅

ビル街の間に
ひっそりとたたずむ
江戸期の要所の名残を
訪ね歩いて

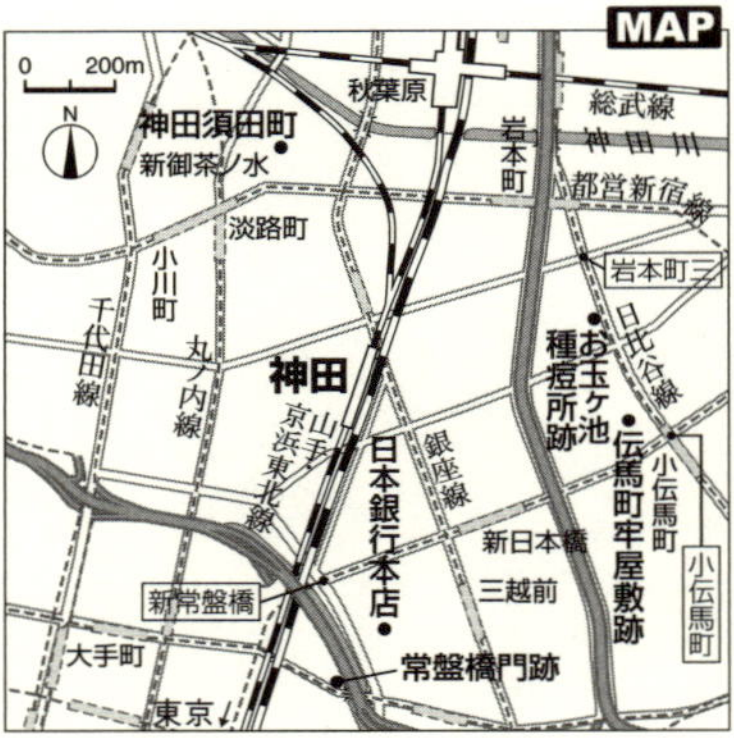

駅の南口を出ると、ガード下に間口の狭い居酒屋が軒を連ねています。夜は赤ちょうちんの揺れる「サラリーマンの聖地」ですが、ビル街にひっそりある江戸期の要所の史跡を巡るのもいいものです。

南口から線路に沿って南下、新常盤橋《しんときわばし》交差点を折れたところに、日本橋川に架かる常盤橋があります。江戸城常盤橋門の見附橋だった、二重のアーチが美しいたたずまいです。現在は渡ることができませんが、周辺は常盤橋門跡として公園となっています。

旧常盤橋は、天正十八年（一五九〇）に架けられ、明治十年（一八七七）に常盤橋門の枡形に使っていた石を用いて架け替えられました。常盤橋門は、奥州道に通じる江戸城外郭の正門です。常盤橋公園には実業家である渋沢栄一の像が立っています。幕府に仕えていましたが明治維新後は大蔵省に出仕し、辞職後第一国立銀行（第一勧業銀行を経て現在はみずほ銀行が承継）、王子製紙などの創立に尽力した人物です。

橋に面して、日本銀行本店本館の重厚な石積みレンガ造りの建物が目に入ります。江戸時代に金貨の鋳造を幕府から請負った、金座の跡に建っています。現在の建物の設計は、東京駅を手掛けた辰野《たつの》金吾《きんご》の設計で、ベルギー中央銀行を参考に明治二十九年（一八九六）に竣工しました。積み上げたレンガの外装材として石を積み上げた石積みレンガ造りで、地震対策のために建物の軽量化を図っています。地階と一階は厚い花崗岩、二階と三階が薄い安山岩の石張りです。

小伝馬《こでんま》町方面へ足を向ける

旧常盤橋

日本銀行本店本館

と、現在の小伝馬町交差点付近に、江戸期に置かれていた大規模な牢屋敷の名残が見られます。人形町通りを岩本町方面へ行くと、かつてのお玉ヶ池のほとりにあった種痘《しゅとう》所の碑が立っています。岩本町三丁目の交差点を左に折れれば、神田駅の北口に出ますが、体力のある人はさらに国道十七号線を北へ、神田須田町方面へと足を延ばしてみましょう。一丁目界隈の、空襲から逃れて昔のまま残っている一角は、東京都の歴史建造物に指定されています。

放火の際に囚人をいったん逃がした伝馬町牢屋敷へ戻らなかった高野長英は……？

伝馬町牢屋敷は現在の小伝馬町交差点付近の一帯、十思《じっし》公園や刑死者を弔う大安楽寺《だいあんらくじ》、十思スクエアのあたりにあり、明治八年（一八七五）まで存続していました。ここでは安政の大獄で捕らえられた吉田松陰《よしだしょういん》、橋本左内《はしもとさない》、頼三樹三郎《らいみきさぶろう》らが刑死しています。

吉田松陰は安政六年（一八五九）十月二十七日、獄の処刑場で斬首されました。享年三十。松蔭が伝馬町牢屋敷に投ぜられたのは、井伊直弼《いいなおすけ》が京都に送り込んだ老中間部詮勝《まなべあきかつ》の要撃を企てた、とも漏らしたためといわれます。十思公園には、「松陰先生終焉地」の碑や、松蔭が門下生たちに残した遺書『留魂録《りゅうこんろく》』の巻頭に記した、「身はたとひ　武蔵の野辺に朽ちぬとも　留め置かまし　大和魂」と刻む、辞世の石碑が立っています。「もし私の命がこの武蔵野のどこかで終えることになっても、自分の思想は永遠に留めておきたいものだ。肉体は滅んでも志はこの世に残すのだ」という、松蔭の覚悟です。

十思公園にある、吉田松陰の辞世の石碑

松蔭が刑死した十五年前の弘化元年（一八四四）六月未明に、牢屋敷が火事になりました。その際、牢屋奉行の石出帯刀《いしでたてわき》は、「三日の間に出頭すれば刑を一等減じる」と言い聞かせて囚人を逃がしました。この中には医者で蘭学者でもある高野長英《たかのちょうえい》もいましたが、戻りませんでした。彼が牢内の作業者に金銭を渡して放火させた、張本人だったのです。

長英は、蘭学に関心を持つ人々が結成した尚歯会《しょうしかい》に加えた言論弾圧「蛮社《ばんしゃ》の獄《ごく》」により、永牢の処分を受けておりました。逃亡した長英は、宇和島藩主の伊達宗城《むねなり》に匿われながら、兵法書など蘭学書の翻訳や、宇和島藩の兵備の洋式化に従事していました。幕府に見つかりそうになると、長英はなんと薬品で顔を変え、再び江戸に潜入しました。町医者を営んでいましたが結局見破られてしまい、隠れ家を急襲され喉を突いて自決しました。

種痘所だけではない 江戸屈指の文化・武道の殿堂だったお玉ヶ池畔！

お玉ヶ池種痘所は安政五年（一八五八）に、伊東玄朴《いとうげんぼく》ら蘭方医八十余名の拠金により、当時致死率が四十パーセントもあった天然痘《てんねんとう》の予防接種を目的として設けられました。後に下谷和泉橋通り（現・神田和泉町）へ移転し、万延元年（一八六〇）には幕府直轄となり、翌年東京大学医学部の母体である西洋医学所と改称しました。

お玉ヶ池の跡に建つお玉稲荷

一帯のお玉ヶ池という呼称は、お玉という美女が身投げしたという伝説の池の名によります。江戸初期には上野の不忍《しのばず》池《いけ》ほどの大きさがありましたが、現在は跡形もなく、お玉稲荷という小さな社がまつられているだけです。池のたもとには、梁川星巌《やながわせいがん》の玉池吟社《ぎょくちぎんしゃ》、市川寛斎《いちかわかんさい》の江湖詩社、大窪詩佛《おおくぼしぶつ》の詩聖社、東条一堂の漢学塾「瑤池《ようち》塾」、佐久間象山《さくましょうざん》の「象山書院」、千葉周作《ちばしゅうさく》の道場「玄武館《げんぶかん》」、磯又右衛門の柔道道場などが集まり、文武の両方が学べる地で在野の学者、剣士、文人たちで賑わいました。

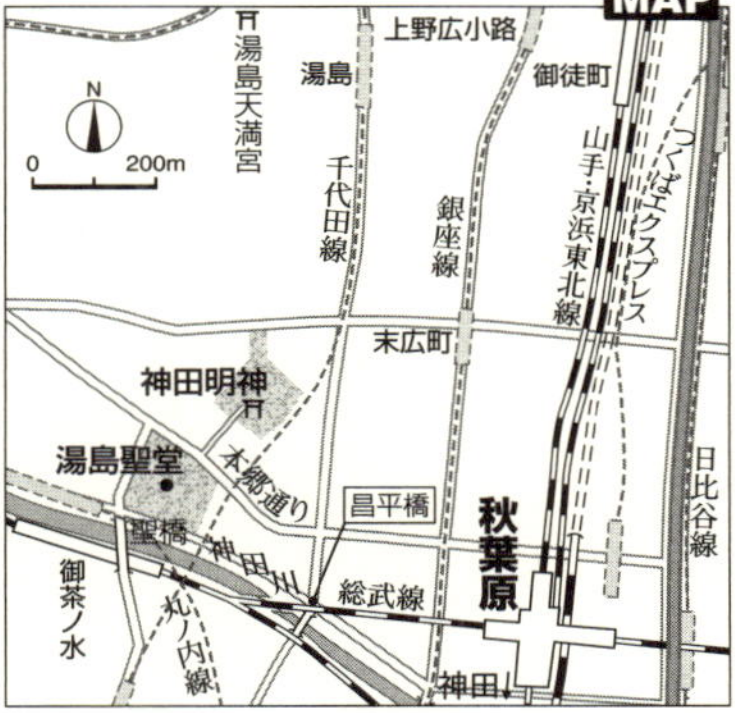

秋葉原駅

秋葉原
あきはばら
御徒町　神田
Akihabara

電気とホビーの街から江戸時代の文教と信仰の中心へと坂を上る

ＪＲ山手線・京浜東北線と総武線が、高架で直交する秋葉原駅。周辺を歩けばどこからでも、走る電車が眺められます。電気街にそびえる量販店群のビルや、アニメやホビーの聖地らしくコスプレをした女の子に圧倒されますが、戦地から引き揚げた無線技師が店を開いたのが起源という、秋葉原ラジオセンターのパーツ屋街には、昭和の雑然とした空気が未だに残っているようです。

　電気街口から電気街を横切り、昌平橋《しょうへいばし》交差点に出て神田川沿いに西に歩くと、湯島聖堂に出ます。仰高門《ぎょうこうもん》から入り大成殿《たいせいでん》に向かいます。昌平坂学問所を起源とし、神田の種痘所《しゅとう》とともに東京大学の元となった聖堂です。江戸時代の火災や関東大震災のため焼失し、当時の建造物は宝永元年（一七〇四）に建てられた入徳門《にゅうとくもん》と水屋を残すだけとなり、現在の鉄筋コンクリート造りの聖堂は、昭和十年（一九三五）に再建されています。

仰高門を入ると、右手に四・五七メートルもある巨大な孔子《こうし》銅像が建っています。昭和五十年（一九七五）に、台湾の台北《たいぺい》市ライオンズクラブから寄贈されたものです。入徳門、杏《きょう》檀門《だんもん》をくぐると、正面に大成殿が建っています。大成殿には孔子を中央に、両脇に四賢像がまつられています。

本郷通りを隔ててすぐ向かいの大きな鳥居をくぐると、神田明神の朱塗り鮮やかな随神門《ずいしんもん》が鎮座しています。正しくは神田神社といい、天平二年（七三〇）の創建という古社です。当初は大手町の将門塚《しょうもんづか》あたりに鎮座していましたが、江戸城が拡張された慶長八年（一六〇三）に駿河台へ、その後、駿河台に外堀を掘ることになり、元和二年（一六一六）に現在地へ遷座しました。社殿と随神門は関東大震災で焼失しましたが、昭和九年（一九三四）に当時としては画期的な鉄骨鉄筋コンクリート造り・総朱漆塗《しゅうるしぬり》の権現造《ごんげんづくり》の社殿が、昭和五十年（一九七五）には随神門が再建されています。

帰りは来た道を引き返すか、聖橋《ひじりばし》を渡り御茶ノ水駅へ出るのも便利です。神田明神の参道に点在する甘酒などの甘味処で、散策後の休憩をするのもおすすめです。

孔子をまつる廟がゆかりの昌平坂学問所は江戸時代の国立大学だった？

　湯島聖堂は寛永九年（一六三二）、林羅山《はやしらざん》が上野忍ケ岡《しのぶがおか》（上野公園一帯の古名）の邸内に、孔子をまつる廟《びょう》である先聖殿《せんせいでん》を創建したのが始まりです。林羅山は幕府の儒官《じゅかん》で、家康・秀《ひで》忠《ただ》・家光《いえみつ》・家綱《いえつな》の徳川将軍四代にわたって仕えました。

　先聖殿は元禄三年（一六九〇）に、五代将軍綱吉《つなよし》により現在地に移転され、大成殿と改称。仰高門を構え、建物を総称して聖堂としました。綱吉は自ら論語の講釈を行うなど、儒学に傾倒していたといいます。

　そして寛政九年（一七九

湯島聖堂・大成殿

湯島聖堂・孔子銅像

七）には、昌平坂学問所が建てられました。今の東京医科歯科大学の場所で、名の由来は孔子が中国の魯《ろ》の国の昌平の出だったことによります。学問所は明治維新までの七十年間、官立の大学として江戸時代の文教センターの役割を果たし、明治維新後は新政府の所管となりました。ここに仕えた儒官の任務は、朱子学《しゅしがく》の研究と教育、諸書の調査編集、および文教政策について意見を申し述べることでした。

林家は代々大学頭《だいがくのかみ》に任官され、日米和親条約の調印には当時の大学頭だった林復斎《ふくさい》が、幕府の全権として調印に携わっています。林家は三千五百石の石高《こくだか》を得ており、文久時代（一八六〇年代）の『江戸切絵図』には、大名小路の大名屋敷群の中に林大学頭の敷地が記されているのも見られます。

神田明神の祭神・平将門命が その座から降ろされていた時期があった!?

神田明神は江戸時代を通じて、江戸総鎮守として将軍家の保護を受けた、神田、日本橋、秋葉原、大手町、丸の内の氏子一〇八町の総氏神です。祭神は大己貴命《おおなむちのみこと》（大黒様）、少彦名《すくなひこな》命《みこと》（恵比寿様）、それに朝敵といわれながら江戸の民衆に敬愛された、平将門命《たいらのまさかどのみこと》です。縁結び、商売繁盛、社運隆盛、除災厄除、病気平癒などにご神徳があるといいます。

明治七年（一八七四）、明治天皇が神田明神に行幸するにあたり、時の政府から「平将門は、関東に独立国を建てようとし、朝廷に敵対した逆賊である。配慮せよ」と申し受けました。神社はやむをえず、将門の御神体を末社に移して格下げし、代わりに茨城県の大洗磯前《いそざき》神社から少彦名命の御神体を移し、大己貴命とともに主祭神としました。この措置に氏子たちは怒り、神職排斥運動にまで及んだといいます。平将門命が主祭神に復帰したのは、昭和五十九年（一九八四）になってからです。

神田明神・拝殿

神田明神・随神門

山王祭、深川祭と並んで江戸三大祭りに並び称される神田祭は、江戸時代には城内に入り将軍の上覧にあずかったことから、天下祭りといわれました。鳳輦《ほうれん》や神輿をはじめとする祭礼行列が氏子一〇八町を巡行する神幸《じんこう》祭《さい》と、氏子の町神輿約二〇〇基が街を練り歩き神社へ練り込む神輿宮入が行われます。

御徒町駅

御徒町
おかちまち
上野　秋葉原
Okachimachi

高架の横の熱烈マーケットをひやかして学問の神様にご参拝

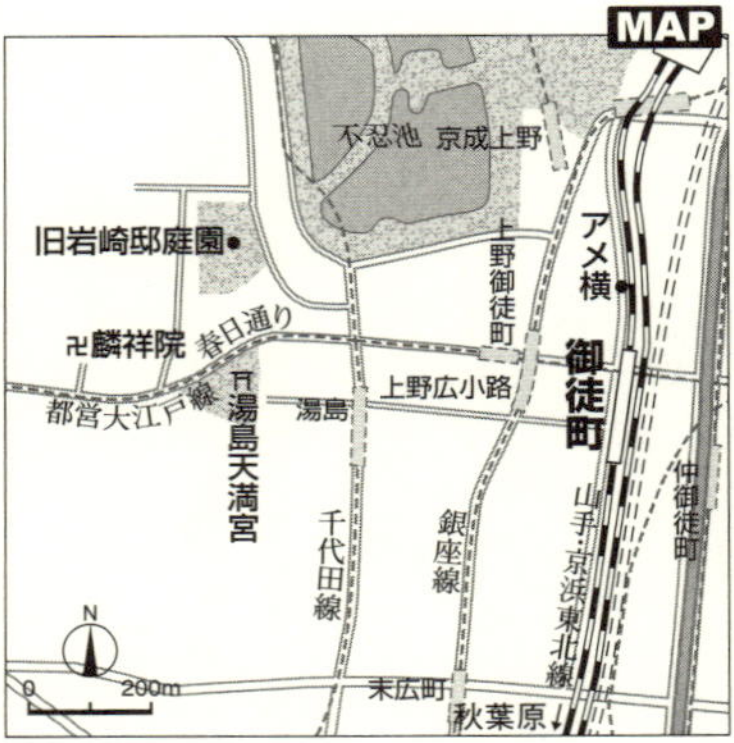

御徒町駅から上野駅にかけて、山手線の高架下左側には賑やかで活気がある通りが続いています。高架に沿ったアメ横商店街は、年末の魚介やカニの威勢のいい売り声で有名ですが、もとは戦後この区間に密集していたバラックの市が起源です。通りを歩くと、外国のお菓子やチョコレート、ミリタリーグッズを扱う店が目立つのは、そうした成り立ちの経緯もあるのでしょう。

アメ横でのショッピングは駅に戻ってからのお楽しみにして、南口を出たら高架の直下をすぐ左折。直進するとそのまま湯島天満宮《ゆしまてんまんぐう》の境内へと入ります。伝承によれば、文和四年（一三五五）に湯島の村人が、不思議なお告げの夢を見て古松の下に天満宮を勧進し、その後太田道灌《おおたどうかん》により再興

旧岩崎邸庭園

されました。銅製の表鳥居は、寛文七年（一六六七）の建立です。社殿は平成七年（一九九五）の再建で、梅のシーズンには境内は多くの人で賑わいます。嘉永三年（一八五〇）銘の「奇縁氷人石」は、迷子知らせの石柱です。氷人とは仲人のことで、右側面に「たづぬるかた」、左側面に「をしふるかた」とあります

湯島天満宮の北側、春日通りを挟んで広がる旧岩崎邸庭園は、実業家岩崎家の三代目、久《ひさ》弥《や》のかつての邸宅です。明治二十九年（一八九六）竣工、設計は東京国立博物館などを手がけた、イギリス人建築家のジョサイア・コンドルです。木造二階建ての洋館と、洋館左側に建つ木造平屋建ての撞球場《どうきゅう》（ビリヤードルーム）、和館大広間、洋館東脇にある袖塀、煉瓦塀を含めた屋敷全体が、国指定の重要文化財です。華麗かつ繊細なデザインの建築物を、園内を散策しながら鑑賞してみましょう。

麟祥院《りんしょういん》は春日通りから小道へ入った突き当たりにひっそりとある寺で、春日局《かすがのつぼね》の墓所があります。通りの喧騒からうって変わった閑静な一角で、木々の下で静寂な中に身を置きたたずむのもいいものです。

学業祈願に一攫千金、さらに男女の別れの場も湯島天満宮の多彩な見どころとは？

湯島天満宮の祭神は菅原道真《すがわらのみちざね》で、受験シーズンには合格祈願する受験生で賑わう学問の神様です。絵馬掛けには祈願の絵馬が、幾重にも重なって下がっています。菅原道真は延喜元年（九〇一）、左大臣藤原時平の讒言《ざんげん》により、大宰府権師《だざいふごんのそち》に左遷されました。自邸の紅梅殿で菅公《かんこう》が詠った、「東風《こち》吹かば　匂いおこせよ梅の花　あるじなしとて春を忘るな」は有名です。その二年後に大宰府の配所で、失意のうちに五十九歳で没しました。

一方、ここでは現在の宝くじに相当する「富《とみ》くじ」が、毎月行われていました。社殿の修理費に充てることが目的のため幕府公認で、ふたが上方に開く大形の箱の中の木札を錐《きり》で突き刺す抽選方法から、富突《とみつき》とか突富《つきとみ》とも呼ばれました。一攫千金を狙う庶民の間で人気があり、目黒不動（四七ページ参照）、谷中感応寺（一三四ページ参照）とともに、「江戸の三《さん》富《とみ》」の一つに数えられていました。

境内にはほかに、泉鏡花《いずみきょうか》の筆塚もあります。新派の代表的演目『湯島の境内』で、書生の早瀬主税《ちから》が芸妓のお蔦《つた》に別れ話をするくだりがありますが、この場面は鏡花原作の小説『婦系図《おんなけいず》』にはなく、初演を見て鏡花が後に書き下ろしたといいます。昭和十七年（一九四

湯島天満宮

湯島天満宮の願掛けの絵馬

二）に、「湯島通れば思い出す　お蔦、主税の心意気　知るや白梅玉垣に　のこる二人の影法師」（婦系図の歌）とも歌われ、映画にもなりました。

学業成就の祈願に射幸性のあるくじ、加えて男女の別れの場と、対照的な由縁がともにあるのが面白いものです。

将軍継承にお世継づくり 徳川家光の乳母を務めた春日局の苦労とは？

麟祥院は春日局が晩年、菩提寺として建立した寺です。春日局は三代将軍家光を幼い頃から支え、幕府からさまざまな恩恵を賜ったとされています。

家光との縁は、春日局が将軍家の乳母を務めることから始まります。家光は二代秀忠と江《ごう》

麟祥院・春日局の墓

の次男でしたが、三歳になったときに弟の忠長《ただなが》が生まれました。両親は利発で愛くるしい忠長を寵愛し、事あるごとに二人は比較され、家光は劣ると見なされていました。

江に対抗意識を持っていた春日局は危機感を持ち、伊勢参りという名目で江戸城を抜け出すと、駿府《すんぷ》の家康に家光の将軍継嗣《けいし》を直訴する行動に出ました。家康は「嫡流による世襲制がよい、そうすれば世継ぎの争いもなくなる」と裁定を下し、家光の継嗣が確かになりました。

江の死後、春日局は大奥《おおおく》の中心となりました。この頃の家光は男色に溺れて女には興味を示さず、世継が産まれない危機を案じた春日局は強引な手段に出ます。十六歳の尼僧が院主就任の挨拶に来たとき、家光の気持ちが動いたのを察してその場で還俗《げんぞく》させたのが、お万《まん》の方。往来で遊んでいた十三歳の娘を目に留めたのが、四代将軍家綱《いえつな》を産んだお楽《らく》の方。五代将軍綱吉《つなよし》を産んだお玉《たま》の方は、お万の方の部屋子（奥女中の小間使い）でした。

また春日局は、家光が疱瘡《ほうそう》を患って危篤状態に陥った時、薬断ちを誓った話が知られています。晩年も守り続け、没する前の病床にあっても一切薬を摂らなかったそうです。

上野駅

どっしりした西郷どんから
きらびやかな東照宮へと
文化の香り高い
上野の森を歩く

上野
うえの
鶯谷　御徒町
Ueno

MAP

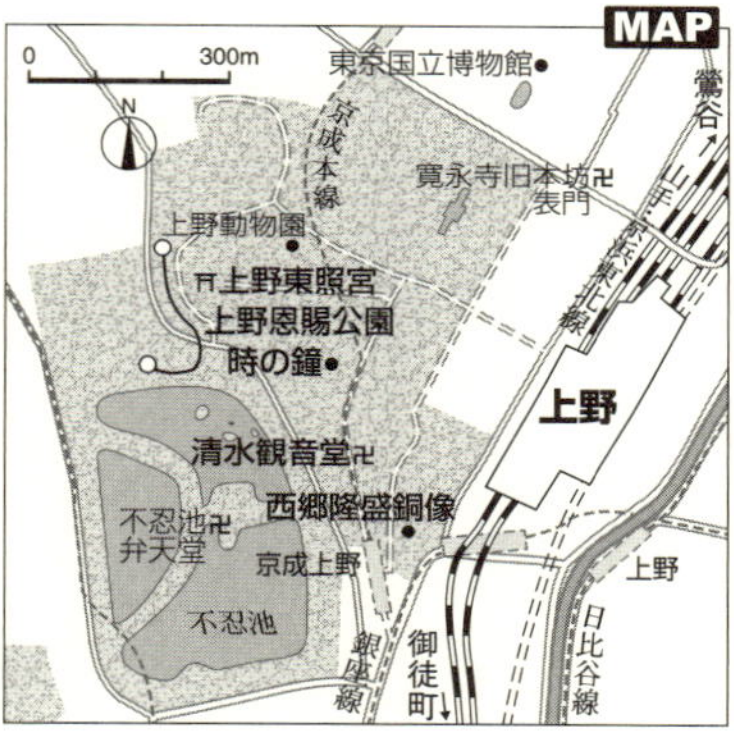

かつては「北の玄関口」と呼ばれ、終着駅として機能していた上野駅ですが、このところの夜行列車の廃止、上野東京ライン開通による列車の直通などで、その役割が薄れつつあります。しかしながら、行き止まり式のホームや広々した中央改札付近、昭和通りに面した重厚な駅舎は、往時の趣を未だに強く残しています。

せっかくなので駅構内をぐるりと眺めてから、不忍口《しのばずくち》を出て上野恩賜公園へ向かいます。まずは西郷隆盛銅像に御挨拶が、上野散歩の必須。高村光雲《たかむらこううん》作による威風堂々たる像は、東京のシンボルの一つといえるでしょう。

明治六年（一八七三）に日本初の公園に指定された上野恩賜公園は、もとは寛永寺《かんえいじ》の境内地です。そのため園内には当時の建物が現存、移築、再建されて点在しています。京都の清水寺を模した清水《きよみず》観音堂、江戸の市民に時刻を知らせた時の鐘、頭部のみ保存された上野大仏、焼失後再建された上野動物園内の五重塔、不忍池にある八角形の弁天堂。

そして徳川家康をまつる上野東照宮は、三代将軍家光《いえみつ》の造替により金箔と朱塗りの鮮やかな社殿が、当時のままの姿で目をひきます。四～五月のぼたん苑も見ものです。

美術館や博物館が集まるこの公園で、神社仏閣巡りもまたいいものです。

妻に気に入られなかったその姿
西郷隆盛像の制作にはこんな苦労が！

上野といえば、何といっても西郷さん。筒袖《つつそで》に兵児帯《へこおび》、わらじ履きの西郷隆盛像は高村光雲が、西郷さんが連れている猟犬は馬の彫刻で知られた後藤貞行《さだゆき》が制作し、鋳造は谷中在住の鋳造師で彫金家の岡崎雪聲《せっせい》が行い、明治三十一年（一八九八）に除幕されました。

その式典でのこと、隆盛の妻の糸《いと》さんは、銅像を見上げるや泣き出しました。銅像が立って名誉回復したことに、感激したのではありません。「うちの人は、こんな野卑な顔ばしていなか。実に礼儀正しい人じゃったに。大勢様の前で、野良着て草鞋《ぞうり》履きでいるなんて、失礼なことは絶対にしなか」。

西郷隆盛銅像

西郷隆盛は写真嫌いで有名でした。銅像を造ろうにも、写真が一枚もありません。どういう顔か分からないため、高村光雲は隆盛の知人や親戚を駆け回り、西南戦争で敗れ城山陥落の最後まで隆盛の髭剃り役だった人からも、西郷の顔の特徴を聞いて回りました。制作開始から四、五年かけて、やっと隆盛の顔が決まったといいます。

うちの人はこんな人じゃなかった、と言いたかった糸さんが、頭に描いていた西郷さんは、立派な軍服姿でキリッとした姿だったかもしれません。

しかしながら、この親しみやすい西郷さんの姿と風貌こそ、「上野といえば西郷さん」と口々にいわれる人気を、いつまでも保っているように思えます。

戦火を逃れた清水観音堂の千手観音像は一体どこへ消えたのか？

清水観音堂は、家康の側近だった天海《てんかい》が京都の清水寺に模して、寛永八年（一六三一）に

清水観音堂

建立しました。安永年間（一七七二～一七八〇）に修理されただけで、震災や戦災でも難を逃れ、現存の寛永寺建造物では最も古いものとなっています。

慶応四年（一八六八）七月四日の上野戦争（一二四ページ参照）の際にも、観音堂は大きな被害を受けることがありませんでした。戦の翌日、熱心な信者の広木《ひろき》弥兵衛《やへえ》が、焼け残った清水観音堂に参詣したところ、本尊の千手観音像が見当たりません。持ち去られたかと不安になり方々探すと、なぜか観音堂の後ろの竹林の中に置かれていました。弥兵衛は無事を喜び、本尊を背負って家に持ち帰り、翌日近くの太子堂に移しました。

新政府が寛永寺の僧の帰山を許したのは、明治二年（一八六九）二月です。千手観音像は弥兵衛の手で、元の清水観音堂に戻されました。その後も弥兵衛の参詣は続き、明治二十三年には一万三千日に及びました。観音堂には明治二十三年（一八九〇）に弥兵衛が奉納したといわれる、五姓田《ごしょうだ》芳柳《ほうりゅう》及び芳野《よしの》秋斎《しゅうさい》の描いた『上野戦争図』も掛かっています。

江戸の時間を知らせてくれた時の鐘 どうして撞かなくなってしまったのか？

江戸の人々は、鐘の数で時刻を知りました。松尾芭蕉《ばしょう》が深川の芭蕉庵で、「花の雲　鐘は上野か浅草か」と、遠くから響いてくる鐘の音を聞いてこの句を詠んだのは、貞享四年（一六八七）のことです。

上野の時の鐘は、寛文六年（一六六六）に柏木大助《かしわぎだいすけ》という者が奉納し、その後何回か改鋳されました。現在の鐘は天明七年（一七八七）に、谷中感応寺《やなかかんのうじ》（今の天王寺）で改鋳された鐘です。平成八年（一九九六）に、環境省の「残したい日本の音風景百選」に選ばれ、現在も朝夕六時と正午の三回、撞《つ》かれる江戸の音です。

江戸時代、幕府は時の鐘を維持するため、武家からは石高、寺社と町方からは土地の広さに応じて、費用を徴収しました。日の出は「明け六ッ」といい、注意を喚起するための三つの捨鐘に続けて、鐘を六つ撞きました。

時の鐘

日没は「暮れ六ッ」といい、三つの捨鐘に続けて鐘を六つ撞きました。

鐘は、明け六ッ（六時）からほぼ二時間の間隔で、五ッ（八時）、四ッ（十時）と撞いたら、九ッ（十二時）に返り、八ッ（十四時）、七ッ（十六時）、六ッ（十八時）、五ッ（二十時）、四ッ（二十二時）まで撞き、また九ッ（二十四時）に返るのが約束事でした。

慶応四年（一八六六）七月の上野戦争のときに鐘楼が焼け落ちてしまい、復活したのは明治二年（一八六九）二月。時鐘堂《じしょうどう》（鐘楼）頭《がしら》の柏木氏が、私財を投げ打ってでも音を絶やすまいと、自費で鐘撞き男を雇い入れました。鐘が聞こえないと不便なもので、復活した鐘に町民たちは闇夜に燈火を得た喜びでした。

しかし、物価も数倍になった明治三十三年（一九〇〇）になると、時計があるから必要ない、鐘の音が聞こえないなどと口実を設け、月五厘《りん》の費用の支払いを拒む人が出てきてしまいます。時鐘堂主の収入は何分の一かに減少し、鐘が時を知らせる時代は終焉を迎えてしまいました。

徳川家をまつる上野東照宮、藤堂高虎が造営の社は家光の気に召さなかった？

徳川家康は死後、日光東照宮に葬られましたが、その威光を末永く示そうと、各所に家康をまつる東照宮が建立されました。その数は、全国に五百社もあったといいます。

徳川家の重臣だった藤堂高虎《とうどうたかとら》は、寛永三年（一六二六）に上野の屋敷地に東照宮をまつり、江戸町民にも参詣させていました。ところが寛永十九年（一六四二）、浅草にあった東照宮が浅草寺からの火で類焼したため、代わってこの上野東照宮が大名たちの参詣の場所になりました。

上野東照宮

三代将軍家光は、高虎が建てた東照宮が気に入らず、慶応四年（一六五一）に建て替えさせたのが現在の東照宮です。祭神は徳川家康で、八代将軍吉宗《よしむね》と十五代将軍慶喜《よしのぶ》を合祀しています。東照宮は手前から拝殿、幣殿《へいでん》、本殿からなる、権現造《ごんげんづくり》が基本。唐門《からもん》、透塀《すきべい》、参道入口の石造《いしづくり》明神鳥居《みょうじんとりい》、唐門前に並ぶ青銅燈籠《せいどうどうろう》五十基も、合わせて国指定重要文化財です。

慶喜の霊は昭和四十二年（一九六七）に合祀され、京都で作られた官位束帯姿《かんいそくたいすがた》の慶喜座像が安置されました。参道脇には、慶喜の寵愛を受けた侠客の新門辰《しんもんたつ》五郎《ごろう》が、明治六年（一八七三）に奉納した水舎があります。

鶯谷駅

鶯谷
うぐいすだに
日暮里　上野
Uguisudani

上野恩賜公園の園内に残る、徳川家の菩提寺の伽藍を訪ねて歩く

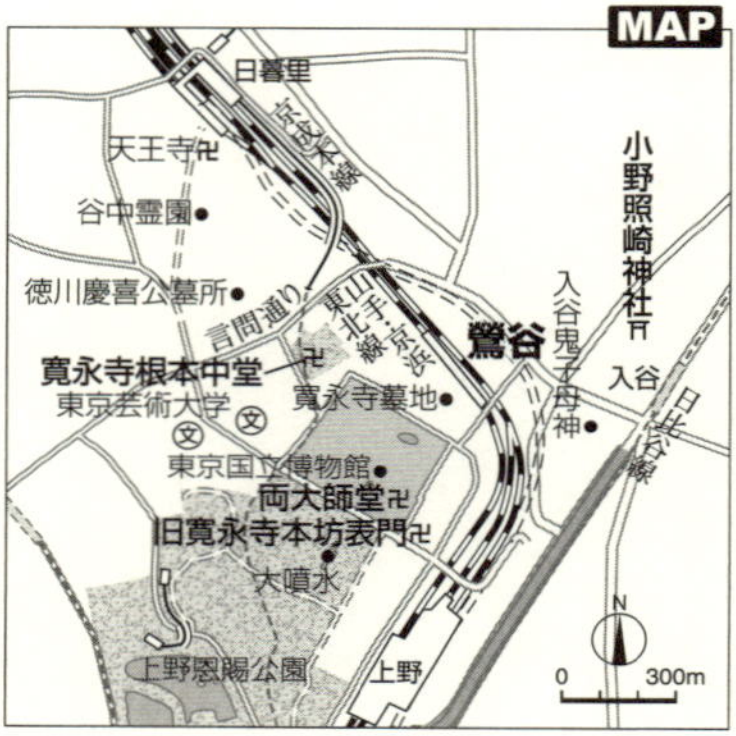

鶯谷駅の一番線ホームに立つと、すぐ目の前に切り立った土手がそびえています。南口を出て駅舎を振り返れば、木造の小ぢんまりした建屋がホーム直上に設けられています。何とも制約のありげな駅のつくりは、すぐ南西に接した寛永寺の寺域に押されているかのようにも見えます。

寛永寺《かんえいじ》は江戸期、上野恩賜公園のほぼ全域が境内となっていて、最盛期にはさらにその倍ほどの広さだったといいます。しかし慶応四年（一八六八）五月十五日、戊《ぼ》辰《しん》戦争の一つである上野戦争で、旧幕府軍の彰義隊《しょうぎたい》と薩摩・長州の新政府軍との戦乱の場となり、さらに第二次世界大戦の戦火もあって多くの堂宇が焼失してしまいました。

南口から、江戸幕府歴代将軍の御霊廟が置かれた寛永寺墓地を過ぎ、東京国立博物館の脇の道を行けば、諸堂がある一角を過ぎて両大師堂《りょうだいしどう》と、旧寛永寺本坊《ほんぼう》表門のある一角へと着きます。両大師堂は正式な寺名は輪王寺《りんのうじ》ですが、寛永寺の開山である天海《てんかい》（慈眼大師《じげんだいし》）と、天台宗中興の祖である良源《りょうげん》（慈恵《じえ》大師）をまつっているので、両大師堂と呼ばれます。良源は正月三日に入寂《にゅうじゃく》（死去）したことから、元三《がんざん》大師の呼び名の方が名高く、子授け大師として広く信仰されています。

両大師堂

　国立博物館はもと寛永寺本坊の敷地でしたが、表門を残して焼失。現在の寛永寺境内にある根本中堂《こんぽんちゅうどう》も、美術館正面の大噴水の場所にあったものです。噴水を経由して黒田記念館のところで右折し、根本中堂のある寛永寺へと歩いてみましょう。

　言問通りを経てJR線の寛永寺陸橋を渡り駅の北側に出たら、小野照崎神社《おのてるさきじんじゃ》へも足を延ばしてみましょう。仁寿《にんじゅ》二年（八五二）に上野照崎《てるさき》の地に、小野篁《おののたかむら》を主祭神としてまつったのが起源と伝わる古社です。小野篁は百人一首の「わたの原 八十島かけてこき出ぬと 人には告げよ 海人のつり舟」の作者で、足利学校の創始者でもあります。

　拝殿左側にある高さ五メートルほどの下谷坂本《したやさかもと》の富士塚は、

文政十一年（一八二八）に造られ、江戸時代の状態を保つ富士塚として国重要有形民俗文化財に指定されています。富士山の溶岩の実物を積み上げて造られたリアルさで、江戸期の富士信仰に対する信心の深さが伝わってくるようです。

増上寺と並ぶ徳川家の菩提寺
寛永寺にはどんな将軍が眠っているの？

寛永寺は増上寺とともに、徳川将軍家の菩提寺です。三代将軍家光《いえみつ》が天海《てんかい》に深く帰依したことから、寛永寺墓所にも六人の将軍の廟所があります。

出入口の門は閉ざされていますが、厳有院霊廟《げんゆういんれいびょう》には四代家《いえ》綱《つな》、十代家治《いえはる》、十一代家斉《いえなり》の墓があり、常憲院《じょうけんいん》霊廟には五代綱吉《つなよし》、八代吉宗《よしむね》、十二代家定《いえさだ》の墓があります。

第二次世界大戦で焼失を免れた、家綱の厳有院霊廟勅額門《ちょくがくもん》と、綱吉の常憲院霊廟勅額門は、ともに国指定重要文化財です。形式はどちらも四脚門《よつあしもん》、切妻造《きりづまづくり》、前後軒唐破《ぜんごのきからは》風《ふ》付、銅瓦葺《どうかわらぶき》で、厳有院霊廟勅額門はもと家光の上野霊廟の勅額門を転用しています。

徳川綱吉常憲院霊廟勅額門

綱吉は将軍についた初期には善政を行い、「天和《てんな》の治《ち》」とたたえられましたが、殺生を過度に禁じる「生類憐《しょうるいあわれ》みの令」を出した将軍として著名です。家綱は十歳で将軍の座に就きましたが、病気がちであったので、政務は重臣の手に任されていました。重臣たちの問いかけに、いわれるがまま「さようせい」と答えていたので、陰では「さようせい様」と呼ばれていました。

上野戦争により焼失、移築が相次いだ大寺院・寛永寺の伽藍の現在はどうなっているの？

寛永寺は、徳川家康、秀忠、家光公の三代にわたる将軍の帰依を受けた天海が、寛永二年（一六二五）に徳川幕府の安泰と万民の平安を祈願するため、江戸城の鬼門である東北にあたる上野の台地に創建した寺です。最盛期には三十余の堂塔伽藍、三十六の子院を誇っていましたが、上野戦争により焼失しました。

寛永二年（一六二五）に建てられた寛永寺本坊は、天海や輪王寺宮（寛永寺貫主《かんじゅ》、日光輪王寺門跡《もんぜき》）の御座所《ござしょ》で、現在の東京国立博物館のある場所がその寺域でした。しかし上野戦争により焼失し、焼け残った表門には上野戦争のときの弾痕が残っています。東京国立博物館の正門として使われた後、震災後に現在地に移され、現在は輪王殿の正門となっています。

旧寛永寺本坊表門

寛永寺根本中堂

寛永寺の根本中堂は、元禄十一年（一六九八）綱吉により、現在の上野公園の噴水の場所にあたる竹の台に建立されました。竹の台の名は、天海が唐の五台山から竹を根分けして持ち帰り、比叡山《ひえいざん》に移植し根分けしてこの地に植えたことからきています。

現在の根本中堂が建つ場所は、旧寛永寺の子院である大慈院《だいじいん》跡で、明治十年（一八七七）に川越喜多院《かわごえきたいん》の本地堂《ほんちどう》を移築したものです。東山天皇御宸筆《ごしんぴつ》の「瑠璃光殿《るりこうでん》」の勅額は、唯一の遺品です。本堂に向かって右手には、上野戦争碑記が立っています。

日暮里駅

日暮里 にっぽり
西日暮里　　鶯谷
Nippori

東京下町を代表する景観・谷中で有名人の墓所をお参りする

谷《や》根《ね》千《せん》と総称される谷《や》中《なか》・根《ね》津《づ》・千《せん》駄《だ》木《ぎ》は、素朴な下町らしい風情を随所に残したエリアで、都内屈指の散策スポットです。中でも谷中は広大な谷中霊園を有し、著名人の墓所を訪ね歩く人の姿が絶えません。霊園は寛《かん》永《えい》寺《じ》と天《てん》王《のう》寺《じ》の墓所に加え、周辺の寺院も入り組んでおり、合わせて十万平方メートルの敷地内に七千基もの墓が並んでいます。

MAP

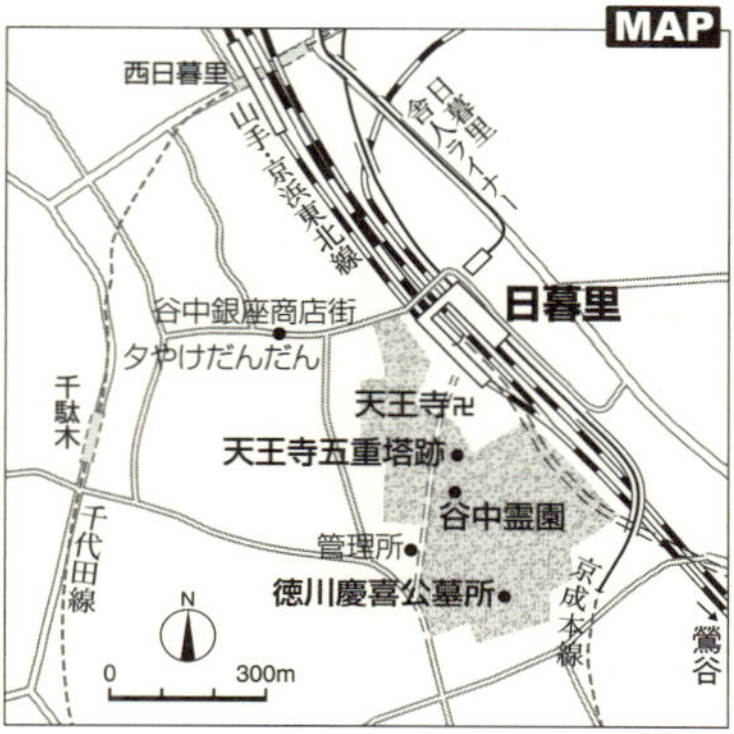

日暮里駅の南改札口を出て、天王寺の脇の細道を上れば、もう谷中霊園の園内です。中央園路は桜並木になっていて、四月上旬の開花期には咲き誇るソメイヨシノが見事です。園路の中ほどの空き地は天王寺の五重塔の跡で、幸《こう》田《だ》露《ろ》伴《はん》の小説にもなりましたが、昭和三十二年に放火により焼失

してしまいました。塔の建っていた場所には花崗岩の礎石が残っていて、関東で一番高かった塔の面影を偲ぶのみです。

俳優の長谷川一夫《はせがわかずお》、小説家の獅子文六《ししぶんろく》、日本画家の鏑木清方《かぶらききよかた》ほか、学者に政治家に芸術家など、著名人の墓所を挙げればきりがありません。中央園路の南端にある管理所で案内図を入手すれば、迷わず訪ねあてることができます。徳川慶喜《よしのぶ》公の墓所は敷地が柵で囲まれており、門扉に葵《あおい》の御紋が飾られています。中には入れませんが、柵越しに石葺の円墳を二基、伺い見ることができます。

霊園の散策後は、谷中銀座商店街方面へ足を延ばすのもおすすめです。古民家を利用した喫茶や雑貨店、甘味や総菜を売る店が軒を連ねており、食べ歩きも楽しいもの。夕暮れ時なら石段の「夕焼けだんだん」の上から、都心に沈む夕日をぜひ眺めたいものです。

墓マイラーならぜひ訪ねたい 谷中霊園の知名人の墓所四選！

谷中霊園は寛永寺と天王寺の寺領でしたが、明治七年（一八七四）に東京府の谷中霊園になりました。広さは十万平方メートルと東京ドームの約二倍あります。

数多くある墓所から、中央園路から訪ねることができる四人の墓を巡ってみましょう。

・**長谷川一夫**（俳優）

関西歌舞伎から映画界に入り一世を風靡《ふうび》した、時代劇の二枚目スタアです。林長二郎《はやしちょうじろう》の芸名で活躍しましたが、昭和十二年（一九三七）松竹から東宝への移籍契約がこじれ、暴漢に襲われてカミソリで左頬の二ヶ所に深傷を負わされました。復帰後、本名の長谷川一夫を名乗るようになり、悪役を演じた『地獄門』、『銭形平次《ぜにがたへいじ》』の平次役、NHK大河ドラマ『赤穂浪士』の大石内蔵助《くらのすけ》役が印象的です。

・**川上音二郎《かわかみおとじろう》**（興行師）

自由党の壮士として活躍し、明治二十一年（一八八八）からは寄席入りして『オッペケペー節』で売り出しました。さらに書生芝居から戦争劇、新派劇を開拓し、妻の貞奴《さだやっこ》とともに欧米を巡業して、日本演劇を世界に紹介した人物です。貞奴も女優養成所を設けて、後の帝劇女優を育て上げるなど、日本の近代演劇に顕著な功績を残しました。

・**高橋お伝《でん》**

明治初期、稀代の毒婦と新聞を賑わせた女性です。最初の夫を毒殺してほかの男のもとに走り、その後各地を放浪しては悪事を重ねました。明治九年（一八七六）、浅草蔵前の旅館

谷中霊園の中央園路

徳川慶喜公墓所

で古着商を騙して殺害し、所持金を奪って逃走しますが捕まります。斬首刑になったのは、明治十二年（一八七九）。最後の斬首刑者と記録されています。

・徳川慶喜

徳川十五代将軍慶喜は、江戸幕府の最後の将軍です。水戸藩主徳川斉昭《なりあき》の七男で、初めは一橋《ひとつばし》家を継ぎ、後見《こうけん》職として十四代将軍家茂《いえもち》を補佐しました。慶応二年（一八六六）に将軍職を継ぎますが、幕府の内憂外憂に直面して、翌年に政権を朝廷に返上（大政奉《たいせいほう》還《かん》）した人物として知られています。

慶喜は慶応四年（一八六八）に鳥羽《とば》・伏見《ふしみ》の戦いを起こして敗れ、寛永寺の子院である大《だい》慈院《じいん》の葵の間で謹慎しました。江戸城を明け渡した後に水戸に退き、後に駿府に隠棲。大正二年（一九一三）に死去しました。

墓所は谷中霊園に属する寛永寺の墓地にあり、慶喜とその妻の墓が並んでいます。慶喜は華族の最高位である「公爵《こうしゃく》」を与えてくれた明治天皇に感謝の意を表すため、自分の葬儀を仏式でなく神式で行うよう遺言しました。そのため墓は皇族と同じような、円墳となっています。

小説の舞台にもなった天王寺五重塔が焼けてしまった理由は不倫のとばっちり？

谷中霊園の中央園路の交番裏には、五重塔の礎石が残っています。寛政三年（一七九一）に再建したときの、天王寺五重塔の礎石です。創建時の塔が明和九年（一七七二）の目黒行《ぎょう》人坂《にんざか》の火事（明和の大火・四九ページ参照）で焼けたのち、湯島の棟梁の八田清兵衛《はったせいべえ》が四十七人の大工を使い、一年半をかけて五重塔を再建しました。この五重塔の再建話をモチーフに、幸田露伴は明治二十四年（一八九一）から翌年にかけて新聞の連載小説として、『五重

天王寺五重塔跡

塔』を書きました。こちらに登場する大工は、「のっそり」との呼び名の十兵衛です。

再建された五重塔は彩色していない塔なので、どっしり落ち着いた塔に見えたそうです。内部にはらせん階段があり、仏像が安置されていたといいます。高さ三十四メートル、総ケヤキ造りの塔で、谷中霊園のシンボルでした。安政の大地震、上野戦争（一二四ページ参照）、関東大震災、戦災にも耐えましたが、昭和三十二年（一九五七）、洋服職人の四十八歳の男と二十三歳の女が心中の道連れに放火し、炎上してしまいました。

天王寺はなぜ、「感応寺」から改名しなければならなかったのか？

天王寺の山門を入ると、左手に元禄三年（一六九〇）建立の銅造釈迦牟尼坐像《どうづくりしゃかむにざぞう》が目にとまります。この銅像が建てられた頃、天王寺は日蓮《にちれん》宗（不受不施《ふじゅふせ》派）の「感応寺《かんのうじ》」と称していました。それが元禄十一年（一六九八）に幕府から弾圧を受け、寺領を没収され住職は島流しとなりました。感応寺が不受不施派の根城になったためです。

不受不施派とは、法華《ほっけ》経の信者以外から施しを受けない、施しをしない、法華経を信じない寺社へ参詣してはならない、という厳しい信仰上の立場をとる日蓮宗一派です。幕府に服従して保護を受け、どうしたら御用宗教になれるかを考える宗派が多い中、逆らう構えを見せたため幕府から邪教とみなされ、弾圧されたといいます。

このときに寛永寺の末寺になり、天台宗に改宗し本尊を毘沙門天《びしゃもんてん》としました。天保四年（一八三三）から護国山《ごこくさん》天王寺と改称しています。

天王寺・銅造釈迦牟尼座像と本堂

感応寺でもう一つ有名なのは、元禄十三年（一七〇〇）以降、寺の維持、修理費の捻出のため、目黒不動（四七ページ参照）や湯島天満宮（一一四ページ参照）とともに、幕府が許可した「富《とみ》くじ」が行われていたことです。富くじは毎月十八日に行われました。

またこの寺には、幕末の上野戦争のときには彰義隊《しょうぎたい》の陣が置かれました。そのため堂塔伽藍は本坊と五重塔を残すだけで、全部灰になってしまいました。

西日暮里駅

西日暮里
にしにっぽり
田端　日暮里
Nishinippori

風光明媚な花と庭の寺町「日暮らしの里」を歩き谷中七福神を巡る

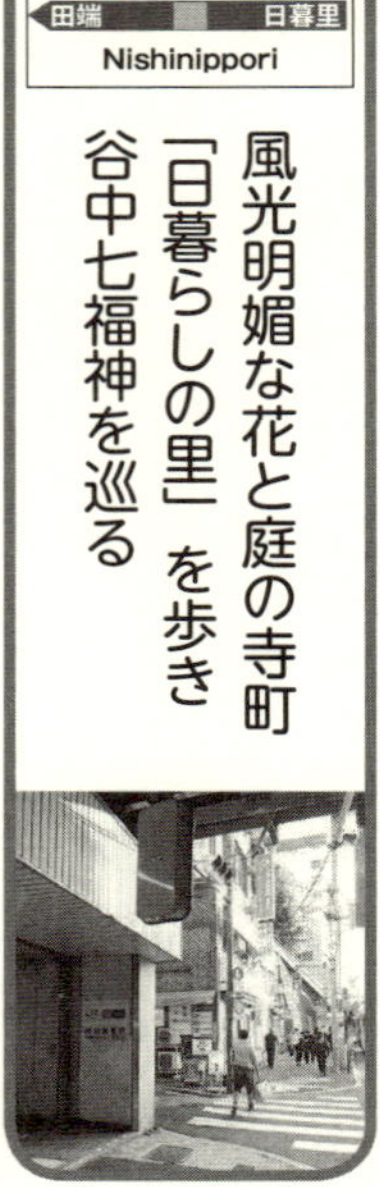

日暮里駅と西日暮里駅の間、線路の西側の高台は、江戸初期から中期にかけて寺町が形成されたエリアです。それらの庭園や花々が華やかな景観をつくりだし、多くの行楽客で賑わいました。当時の名所図絵にも、江戸屈指の風光明美な地だったと記されています。

西日暮里駅から道灌山《どうかんやま》通りを西へ、西日暮里四丁目の交差点から南の路地へ入ると、民家の間に小寺が点在。修性院《しゅしょういん》と青雲寺《せいうんじ》は、界隈の寺が花を植えた始まりとされる寺で、ともに「花見寺」との呼び名が付いています。

壁面に、にこやかな布袋《ほてい》様のイラストが描かれた先、赤い山門をくぐると修性院。本堂には「日暮しの布袋」と呼ばれた、大きな木造布袋尊像が安置されています。谷中七福神の中でも人気がある像で、普段静かな寺ですが正月は七福神巡りの客で賑わいます。

修性院のやや手前の青雲寺は同じく恵比寿神《えびすしん》の寺で、木彫に彩色を施した小さな像です。

本堂左手には滝沢馬琴《たきざわばきん》の筆塚、本堂前のツゲの植え込みには硯塚《すずりづか》の碑など、文人にまつわる

修性院・谷中七福神の一つ、布袋尊

青雲寺

史跡が境内に見られます。
道灌山通りに戻り、開成《かいせい》中・高等学校の脇の道を直進すると、与楽寺《よらくじ》に突き当たります。賊除《ぞくよけ》地蔵伝説ゆかりの寺であり、江戸六阿弥陀《ろくあみだ》にも数えられています。

日暮里の地名の由縁は江戸屈指の景勝地だったことにあった？

修性院は寛文三年（一六六三）に、浅草の田中村から移ってきた寺です。元禄九年（一六九六）に庭造りの名人である岡扇計《おかせんけい》により、三千坪の庭園が造られました。当時は境内の小高いところから富士、箱根、奥武蔵、秩父の山々が眺められたそうです。シダレザクラ、ソメイヨシノ、八重桜、山吹、各種のツツジが植えられ、境内には茶屋も三軒あって花見をする行楽客で賑わっていました。青雲寺は宝暦年間（一七五一～一七六四）に、当時の幕府の実力者である堀田正亮《まさすけ》が中興して庭園が造られました。

どちらの寺も、一年中花の絶えることのない景勝の地で、「花のころ　けふもあすかもあさっても　あかぬながめに　ひぐらしの里」とのどかに詠われた、江戸近郊の行楽地でした。このあたりはもとは新堀《しんぼり》村という地名で、それに「一日暮らしても飽きない里」、ひぐらしの里という呼び名も加わり、日暮里の地名となったとの説があります。

賊除地蔵に六阿弥陀 与楽寺の仏様にまつわる不思議、悲しい伝説とは？

与楽寺の本尊である地蔵菩薩《じぞうぼさつ》像は、賊除地蔵との呼び名があります。秘仏ですので拝観はできませんが、こんな伝説が残っています。

ある夜、賊が寺に押し入ろうとしたところ、たくさんの僧が出てきて追い払われてしまいました。寺にはこのことを知るものがおらず、翌朝、本尊の足が汚れていたため、地蔵菩薩が僧になり替わって賊を追い払ったに違いない、と噂されるようになりました。以来、本尊は賊除地蔵といわれるようになりました。

本堂の左手には阿弥陀堂があり、阿弥陀如来像が安置されています。この像にも、まつわる言い伝えがあります。

足立《あだち》郡（現在の足立区）に住んでいた、足立の長者と呼ばれる裕福な夫婦に、足立姫《あだちひめ》という娘がいました。姫が年頃になると、隣の郡（現在の北区）に住む豊島清光《としまきよみつ》という領主が、妻にしたいと申し出てきました。姫は仏に専心仕えると決めていましたが、両家の関係が悪化することを憂慮して、領主のもとへ嫁ぐことにします。

しかし嫁ぎ先の母親は姫につらく当たり、思い悩んだ姫は五人の次女を従え里帰りした際、

与楽寺

沼田川のほとりで水に飛び込んでしまいました。侍女たちもみな、後を追ってしまいます。足立長者は娘と侍女たちの霊を慰めるため、六つの寺を建て阿弥陀如来像を安置しました。

江戸時代には春と秋のお彼岸に、この六寺を巡る六阿弥陀詣が盛んでした。一番西福寺《さいふくじ》（北区豊島）、二番恵明寺《えみょうじ》（旧延命院・足立区江北）、三番無量寺《むりょうじ》（北区西ヶ原）、四番与楽寺、五番常楽寺《じょうらくじ》（調布市西つつじヶ丘）、六番常光寺《じょうこうじ》（江東区亀戸）。

田端駅

田端
たばた
駒込　西日暮里
Tabata

文士と芸術家が集まった文化の香りが高い街をそぞろ歩く

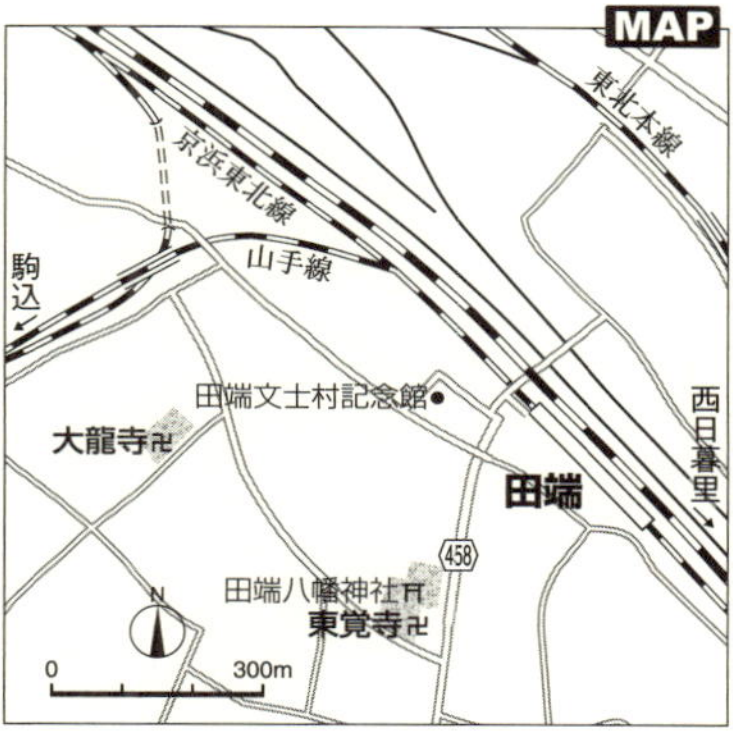

田端は文士や芸術家が多く住んだ町です。小説家では大正三年（一九一四）に芥川龍之介《あくたがわりゅうのすけ》、大正五年（一九一六）には室生犀星《むろうさいせい》が移り住み、画家では明治三十三年（一九〇〇）には小杉放庵《こすぎほうあん》も下宿しています。上野の東京美術学校（現・東京芸術大学）への通学の便が良かったのに加え、当時はまだのどかな農村地帯だったことも、彼らが創作活動を行うのに適した環境だったようです。文士芸術家村とも称された当時のさまざまな記録は、田端駅北口そばの田端文士村記念館で学べます。

北口から西へ直進、都道四五八号線をアップダウンしてやや先を折れたところに、赤い短冊の塊のようなものが並ぶ真新しい寺、東覚寺《とうかくじ》が目に入ります。その境内で目をひくこの正体は、赤い紙がたくさん貼りつけられた仁王石像。都内の石像では歴史が古いものに属し、病気の治癒に御利益があるといわれます。

東覚寺は白竜山寿命院《はくりゅうさんじゅみょういん》という真言宗豊山派の寺で、本堂には本尊の不動明王《ふどうみょうおう》と谷中七福神の福禄寿《ふくろくじゅ》がまつられています。隣接する田端八幡神社は江戸末期まで田端村の鎮守だった神社で、明治元年（一八六八）の神仏分離令までは、東覚寺の仁王像はこちらに置かれていました。

通りを道なりに進んだところの大龍寺《だいりゅうじ》は、真言宗霊雲寺《れいうんじ》派の寺です。本尊は両部《りょうぶ》大日如来《だいにちにょらい》で、別名「子規《しき》寺」と呼ばれるように俳人の正岡子規《まさおかしき》の墓があります。朱の山門をくぐり本堂の左から墓域に入ると、墓石のそばに墓誌銘碑が並んでいます。

田端の街を歩いていると、ところどころに文士の旧居地などの案内板が整備されているので、立ち寄りながら駅へと引き返すのもいいでしょう。

正岡子規の墓がある大龍寺 墓誌銘碑に刻まれたヘチマの絵の意味とは？

大龍寺にある正岡子規の墓は、墓地のやや奥まったところに位置しています。子規の墓の隣にある小振りの墓は、母である八重《やえ》のものです。墓のそばにある墓誌銘碑には、新聞社時代の月給が刻まれており、四十円は当時にしてはかなりの高給取りでした。

晩年を台東区根岸で過ごしていた子規は、ほとんど病床にありました。明治三十五年（一九〇二）九月、死の前日に詠んだ「糸瓜《へちま》咲て 痰のつまりし 仏かな」「痰一斗 糸瓜の水も 間にあわず」「をととひの へちまの水も 取らざりき」が、辞世の句になりました。絶筆三句といわれるこれらに共通する糸瓜から、子規の忌日九月十九日を糸瓜忌《へちまき》といいます。墓誌銘碑にも、糸瓜の絵柄が刻まれています。

当日は高浜虚子《たかはまきょし》、河東《かわひがし》碧梧桐《へきごとう》、それに子規を育てた日本新聞社長の陸羯《くがかつ》南《なん》らが駆けつけていまし

大龍寺・正岡子規の墓

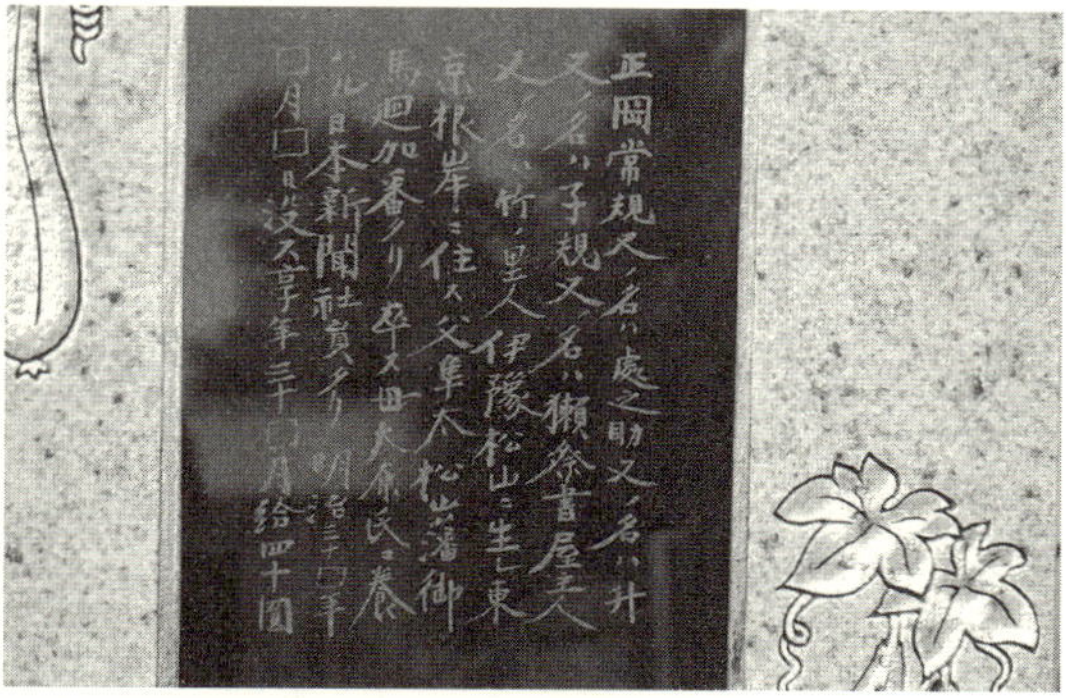

正岡子規の墓誌銘碑。月給 40 円の文字が

たが、蚊帳の外から様子を見ていた母があまりに静かなので、手を握ったところ冷たくなっていたといいます。静かな死であったようです。

子規の死の翌年の明治三十六年（一九〇三）、陶芸家の板谷波山《いたやはざん》がこの地に移り住みました。間もなく友人の鋳金家で歌人の香取秀真《かとりはずま》が、近くに転居してきました。二人の交友関係によって、芸術家や文筆家などの文化人が次々に住むようになり、田端文士芸術家村といわれるようになりました。大瀧寺の墓地には、板谷波山の墓もあります。

東覚寺の真っ赤な仁王石像、願が叶ったら草鞋を奉納する訳は？

東覚寺の護摩《ごま》堂の前には、赤紙をべたべた全身に張られた異様な一対の仁王石像が立っています。自分の体の悪い部分と同じ箇所に赤紙を張ると、病が治ると言い伝えられ、この姿から「赤紙仁王」と呼ばれています。快癒したら草鞋を奉納する慣わしで、治った人が仁王様に次の病の人のところに行ってもらうための風習です。石像の表面は戦火に焼かれ傷んでいるのですが、赤紙が幾重にも張られているために、それを拝むことができません。

本堂前の植え込みには、竹の形をした雀の水飲み場といわれる石碑があり、蜀山人《しょくさんじん》（大田《おおた》南畝《なんぽ》）の狂歌「むらすずめ　さわくち声（騒ぐ千声）も　もも声（百声）も　つるの林の鶴

東覚寺・「赤紙仁王」と呼ばれる仁王石像

の一声」が刻まれています。つるの林とは寺院を指し、鶴の一声とは幕府の命令で、雀に事寄せて幕府の言論統制を皮肉ったのではないか、ともいわれています。

駒込駅

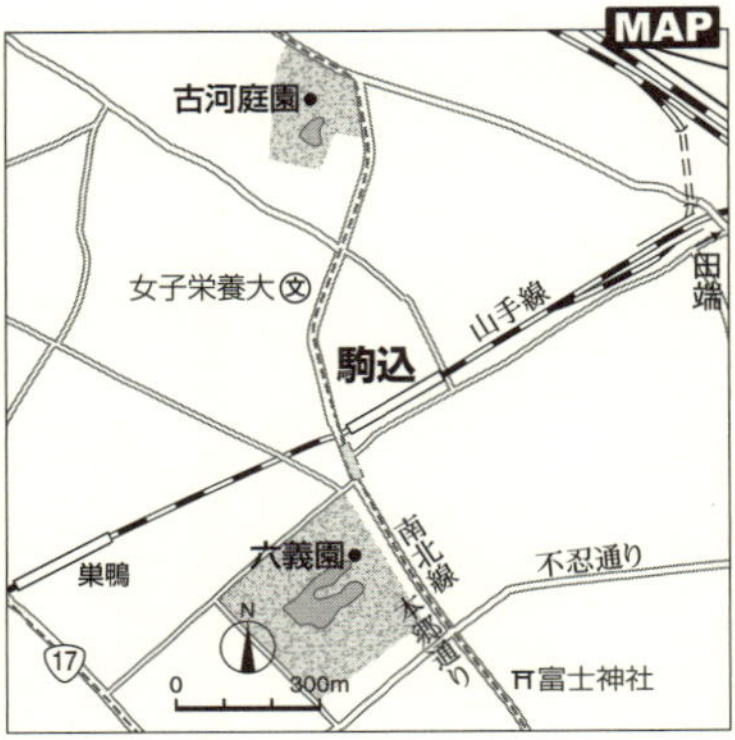

駒込
こまごめ
巣鴨　田端
Komagome

下屋敷の跡と実業家の邸宅、対照的な二つの庭園を散策する

駒込から本駒込にかけては、江戸時代に各藩の下屋敷や武家屋敷が集まっていたエリアです。その名残で明治期以降は大邸宅が建てられ、現在でも高級住宅街として知られています。明暦三年（一六五七）の明暦の大火で江戸の街の大半が焼かれた後、寺社が多く移転してきたことから、界隈には吉祥寺《きちじょうじ》をはじめとする寺が集中。閑静な住宅街に寺町風情、庶民的な商店街など、さまざまな表情が垣間見られる街といえます。

中でも本郷通り沿いに位置する和洋それぞれの屋敷・邸宅が、界隈で屈指の見どころです。

駒込駅の南側にある六義園《りくぎえん》は、徳川五代将軍綱吉《つなよし》の側《そば》用人《ようにん》（側近）だった川越藩主柳沢吉保《やなぎさわよしやす》が、与えられた下屋敷を七年かけて造園、元禄十五年

（一七〇二）に完成した回遊式築山泉水庭園です。園内には、八十八ヶ所の景勝地（八十八境）があります。平地で借景はできないため、外周を樹木で巡らし、大池の水は千川上水《せんかわじょうすい》（現在は井戸水）から引き、滝口からの水は水分石《みまくりいし》という奇岩によって三つに分かれています。

小高い藤代峠《ふじしろとうげ》は、海抜三十五メートルに過ぎませんが、文京区の最高地点です。かつては東に筑波山、西に富士山が望まれたといいます。峠には、将軍腰掛の石といわれる四角い石が置かれ、庭園を見下ろすことができます。大池の中の島の西と東の山は、妹山《いもやま》・背山《せやま》（妹《いも》背山《せやま》）です。小石川後楽園と並ぶ江戸の二大庭園と称され、山海川を表現した変化に富んだ園内にいると、ここが都心にいることを忘れてしまいそうです。

もうひとつの古河庭園《ふるかわていえん》は、駒込駅を挟んで六義園と反対の北側に位置し、英国ルネサンス風の洋館を中心とした西洋庭園が見ものです。大谷美術館になっている洋館とバラ園を中心とした洋風庭園は、イギリスの建築家ジョサイア・コンドルの設計で、和風庭園は京都の庭師小川治兵衛《おがわじへえ》の設計です。庭園は武蔵野台地の高低を、巧みに利用しています。

西洋庭園は春と秋のバラの時期、日本庭園は紅葉の時期に、彩り鮮やかな中の散策を楽しむことができます。

古河庭園を所有していた明治期の大実業家 古川市兵衛とはどんな人？

古河庭園

この地には、江戸時代の文化期（一八一〇年頃）に、植木屋仁兵衛《にへえ》の西ヶ原牡丹園がありました。明治期に陸奥宗光《むつむねみつ》の別荘になり、その息子潤吉《じゅんきち》が実業家古河市兵衛《いちべえ》の養嗣子《ようしし》（家督を相続する養子）となったことから、市兵衛の邸となりました。後に洋館の建設と庭造りが行われ、大正六年竣工しました。

古河市兵衛は古河財閥の創業者で、足尾銅山をはじめ十二の銅山、八つの銀山に、金山を一つ経営していました。銅については明治十七年（一八八四）以来、全国の産銅額の四割を占めていました。

柳沢吉保の下屋敷だった六義園に将軍綱吉が足繁く通った思わぬ理由とは？

柳沢吉保は幼少の頃から、当時館林藩主《たてばやしはんしゅ》だった五代将軍綱吉の小姓《こしょう》（藩主の身のまわりの手伝い）として仕えていました。吉保が二十三歳のとき、綱吉が将軍の職に就いたことから、身辺雑務の世話をする小納戸役《こなんどやく》となって江戸城に入りました。湯島聖堂を建てて幕府の直轄とするなど、学問好きの綱吉のよき話し相手であったこと、綱吉の信頼を得る才幹があったことから、あれよあれよという間に出世していきました。

貞享《じょうきょう》四年（一六八七）に「生類憐《しょうるいあわれ》みの令《れい》」（一七八ページ参照）が出ましたが、中枢《ちゅうすう》にいた吉保が関与していなかったとは思われません。翌元禄元年（一六八八）には、大名に列し禄高一万石の側用人になりました。側用人とは将軍の側に仕え、将軍の命令を老中《ろうじゅう》たちに伝える重要な役割を担っていました。

吉保は綱吉だけでなく、その母である桂昌院《けいしょういん》の信任を得る努力も怠りませんでした。元禄十五年（一七〇二）、吉保の働きかけにより、朝廷から桂昌院に従一位の叙位《じょい》がありました。その効果か、宝永元年（一七〇四）には、徳川一門しか配置されない甲府藩十五万石になりました。

六義園・藤代峠

諸大名の官位の昇進や役目の更迭《こうてつ》など、人事権を握っていた吉保の屋敷には、請願や依頼に訪れる人々が絶えません。吉保が殿中に宿直するときは、大名たちが競って夜食を贈り、一年先まで予約が決まっている有様でした。

それでも吉保は綱吉の関心を引くため、綱吉が好みそうな女を引き合わせ、気に入って側室にすると自分の屋敷に住まわせて面倒を見ました。元禄四年（一六九一）からの綱吉の下屋敷への来遊は、五十八回を数えるほどです。『護国女太平記』などの俗書には、吉保の子吉里《よしさと》は、吉保の側室染子《そめこ》と綱吉の間に生まれたと書かれているそうで、「ご機嫌取りに側室さえ差し出した」との噂は、吉保への妬《ねた》みからでしょうか。

六義園のしだれ桜

　こうした経緯もあり、吉保は「生類憐みの令」など、元禄の政治に対する悪評を一身に集めていますが、学問の奨励をはじめ、儒学者荻生《おぎゅう》徂徠《そらい》の登用など、評価すべき点も多くあります。

　六義園は、大和郡山《こおりやま》に移された吉里の子孫による、柳沢家の所有が続きましたが、明治十一年（一八七八）、三菱財閥の岩崎弥太郎が買収して別邸とし、六義園を愛した三代目の久弥《ひさや》が、一時期本邸としたこともあります。昭和十三年（一九三八）に東京市へ寄付され、公園として一般に開放されました。

巣鴨駅

巣鴨
すがも
大塚　駒込
Sugamo

年配の女性で賑わう「原宿」を歩いてから江戸の大火由縁の寺町を巡る

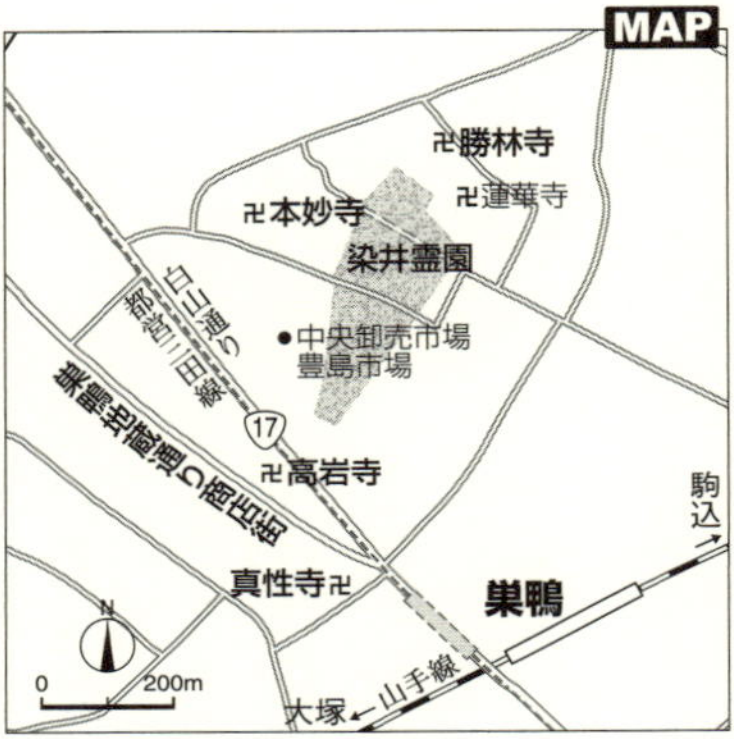

「おばあちゃんの原宿」との呼び名のほうが通るような、巣鴨地蔵通り商店街。高岩寺《こうがんじ》と巣鴨庚申塚《すがもこうしんづか》へと続く参道でもあるこの通りは、江戸期には旧中山道の立場《たてば》（休憩所）として、商業と信仰の地として栄えてきました。

巣鴨駅北口から、真性寺《しんしょうじ》の江戸六地蔵に挙げられる地蔵尊にお参りしてから、商店街を抜けて高岩寺へ。本尊の延命地蔵菩薩《えんめいじぞうぼさつ》は、あらゆるとげを抜くことに発し、病気平癒《へいゆ》の御利益があります。とげぬき地蔵尊の御影札《みかげふだ》を本堂で頂戴して、「洗い観音」と呼ばれる聖観世音菩薩《しょうかんぜおんぼさつ》への願掛けも済ませていきましょう。

商店街を抜け白山通りを渡った巣鴨五丁目付近は、五軒の寺が建ち並び寺町を形成しています。明暦の大火の火元といわれる本妙寺《ほんみょうじ》、江戸後期に幕政を担った田沼意次《たぬまおきつぐ》の墓所がある勝林寺《しょうりんじ》を経て、染井霊園《そめいれいえん》へと入ります。あたりはかつて染井村といい、第一人者の伊藤伊《いとうい》兵衛《へえ》をはじめ植木屋が集まり、品種改良によりソメイヨシノを生み出した発祥の地でもあります。ソメイヨシノはエドヒガンザクラとオオシマザクラの掛け合わせで、山桜である吉野桜と区別するためにその呼称となったそうです。

巣鴨駅へ戻る前にもう一度巣鴨地蔵通り商店街へ出て、名物のウナギを味わっていくのもおすすめです。

巣鴨地蔵通り商店街

とげぬき地蔵の高岩寺に飲み込むと病気が治るお地蔵さまがある？

高岩寺は「とげぬき地蔵」の通称で知られています。とげぬき地蔵の御影札を飲んだり、患部に貼ると病気が治る（病気のとげを抜く）ということで有名です。境内の「洗い観音」は、水で洗って病気の平癒を祈る人の列がいつもできています。

江戸時代中期の享保二十年（一七三五）に著された地誌『続江戸砂子《ぞくえどすなこ》』によれば、妻の病

高岩寺（通称・とげぬき地蔵）

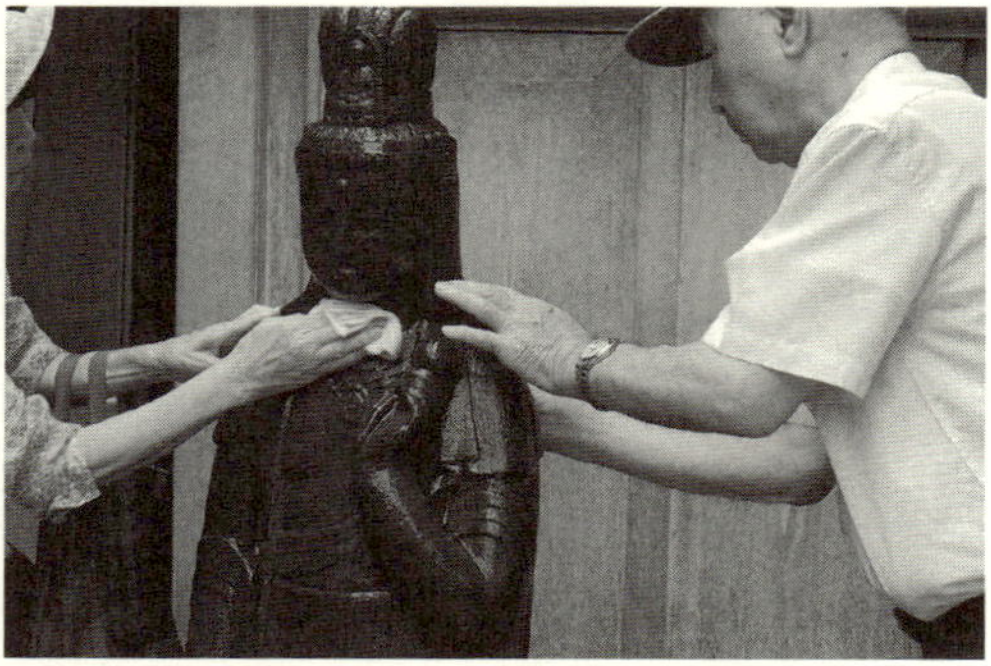
高岩寺・洗い観音

は回復の見込みがないと半ばあきらめていた田付《たつけ》又四郎《またしろう》という武士が、日頃から信仰している地蔵に一心に祈ったところ、一万体の地蔵の姿を紙に写し川に流せば病は平癒するだろう、というお告げがありました。お告げに従うと間もなく病は全快したため、享保十三年（一七二八）に地蔵尊を高岩寺に奉納すると、この話が広まったといいます。

本尊の地蔵菩薩像は、秘仏のため公開していません。毎月四の付く日が縁日。特に一月、五月、九月の二十四日は例大祭で、巣鴨地蔵通り商店街は大勢の人で賑わいます。

お江戸を焼きつくした振袖火事 火元の本妙寺でこんな逸話があった！

本妙寺は明治四十四年（一九一一）にこの地に移転してきましたが、本郷にあった頃に明暦三年（一六五七）の大火災、俗にいわれる「振袖火《ふりそでか》事《じ》」の火元として知られていました。振袖火事には、こんな逸話があります。

本妙寺・明暦の大火供養塔

麻布の質屋の娘が本妙寺への墓参の際、すれ違った美しい若衆に一目惚れし、恋煩いの挙げ句に寝込んでしまいます。両親はせめてもと、若衆が着ていたのと同じ柄の振袖を娘に与えましたが、思いはかなわず病状も悪化し、娘は十六歳の若さで死去してしまいます。両親は娘の早死を悼《いた》んで、せめてもの供養にと振袖を棺にかけて本妙寺に葬りました。

娘の一周忌に両親が本妙寺に赴くと、娘と同じ振袖を棺にかけた葬式が行われているではありませんか。

さらにその翌年の三回忌でも、同じ振袖を棺にかけた葬式に出合います。不審に思った両親が調べたところ、娘の振袖が葬儀後に古着屋を介して、二人の娘に順に買いとられていたことが分かりました。振袖を手にした娘たちが次々に命を落とすという因縁に、本妙寺でこれを供養することにして、火中に投げ入れました。

すると突如として強風が巻き起こり、火のついた振袖が舞い上がりました。正月十八日未《ひつじ》の刻《こく》（午後二時頃）といいます。寺に落ちて本堂が燃え上がると、炎はさらに風にあおられて広がります。これが火元となり、江戸城本丸御殿をはじめ江戸市中の大半を焼失し、十万人もの犠牲者を出す大火事となってしまいました。

墓地内には明暦の大火供養塔のほかに、幕末の剣豪千葉周作《ちばしゅうさく》の墓、北町奉行遠山金四郎《とおやまきんしろう》などの墓があります。

サクラの名所の染井霊園にはこんな著名人が眠っている！

染井霊園は、神仏分離政策を進めていた明治政府が、寺院の所有でない墓地を造る必要に迫られ、明治五年（一八七二）に播磨《はりま》林田藩建部《たけべ》家下屋敷跡地に開設した墓地です。明治七年（一八七四）に東京府の宗教によらない公共墓地となり、染井霊園と改称されたのは昭和十年（一九三五）です。霊園事務所では園内の地図がもらえるので、これを手に著名人の墓所を巡るのがおすすめです。

小説『浮雲《うきぐも》』を書いた二葉亭四迷《ふたばていしめい》の墓は、本名の長谷川辰之助《はせがわたつのすけ》と彫られた大きな墓碑です。文学を嫌った父親から、「くたばってしめえ」と怒鳴られ、それがペンネームになりました。

岡倉天心《おかくらてんしん》の墓は、釋天心《しゃくてんしん》（戒名）と彫られた洋型墓石です。天心は東京美術学校（現、東京藝術大学）第二代校長で、日本美術院を創立した人物です。

「先祖代々之霊　高村氏」と彫られた墓は、高村光雲《たかむらこううん》、光太郎、智恵子《ちえこ》の墓です。光太郎は詩人で、詩集『道程《どうてい》』『智恵子抄《ちえこしょう》』で知られています。父の光雲は岡倉天心に招かれて、東京美術学校教授となりました。西郷隆盛像（一一八ページ参照）を手掛けた彫刻家です。

大塚駅

チンチン電車に乗り換えてどこか懐かしさを感じる沿線散歩へ

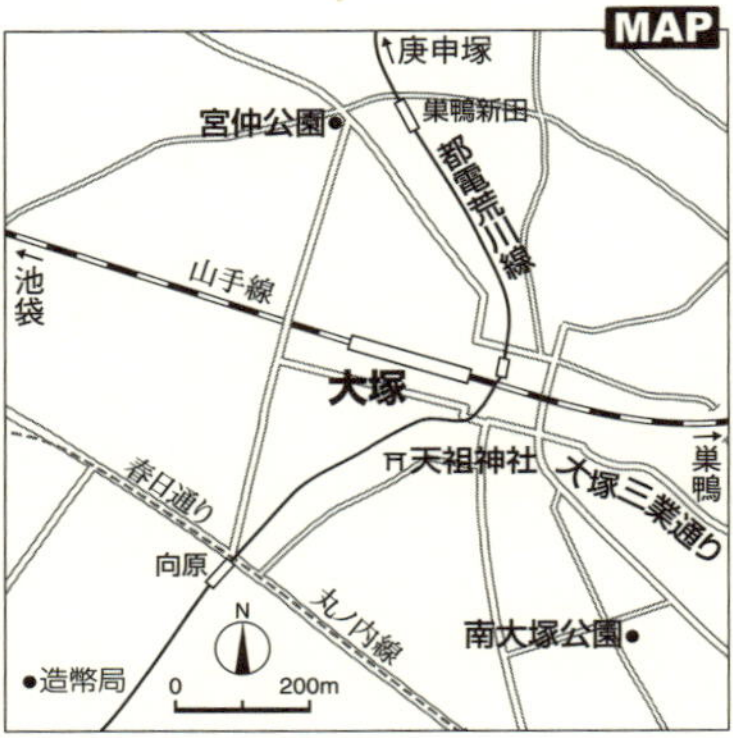

JR大塚駅の直下には、路面電車の線路が直交しています。都電で唯一残った荒川線で、低地にある駅のホームからは南側の向原《むこうはら》方面から下ってきた電車が、北口の巣鴨新田方面へと上っていく様子を眺めることができます。

大塚界隈の散策なら、ぜひ都電に乗ってみましょう。旧中山道の休憩所として賑わった、猿田彦大神庚申堂《さるたひこおおかみこうしんどう》は、庚申塚《こうしんづか》電停が最寄り。実業家渋沢栄一《しぶさわえいいち》の三男の邸跡に造られた宮仲《みやなか》公園は、巣鴨新田電停下車。大塚駅前電停から徒歩十分ほどの南大塚公園の一角には、都電の車両が保存されていて、黄色のボディに青い帯の懐かしい姿を見ることもできます。

天祖神社・夫婦イチョウ

大塚駅前電停が最寄りの天祖《てんそ》神社は、かつての巣鴨村の総鎮守です。稲荷、三峯《みつみね》、榛名《はるな》、熊野、菅原、厳島《いつくしま》の六社の境内社のほか、国歌『君が代』ゆかりのさざれ石、昭和二十年（一九四五）の空襲地の焦げ跡を残すご神木の夫婦イチョウなどがあります。

巣鴨と合わせて散策をするなら、巣鴨地蔵通り商店街を抜けたところの新庚申塚電停から、都電で大塚駅に出るのも便利です。

「大きな塚」が地名の由緒の大塚は もとは賑わう花街だった？

大塚の地名の由来は、付近に大きな塚があったことによりますが、江戸城を築城した太田《おおた》道灌《どうかん》が狼煙《のろし》の物見のために築いた物見塚《ものみづか》という説と、水戸邸内の一里塚とする説があります。

大塚駅は、明治三十六年（一九〇三）に豊島《としま》線（山手線）が開通したとき、隣の池袋駅と同時に設けられました。戦前は池袋よりも花柳界を中心に賑わっていました。大正十一年（一九二二）に二業（料理屋と芸者屋）の営業指定許可を受けてから、二年後、待合（貸席業）の営業が許可され、大塚三業地《おおつかさんぎょうち》が誕生しました。

この花街の発展とともに界隈は繁華になり、最盛期には芸者二百人、料理屋八十五軒、待合十八軒という規模でした。戦災で焼けてから寂れてしまいましたが、南大塚一丁目には現在でも「大塚三業通り」の名が残り、入口の看板をくぐると料亭や割烹が点在し、当時の面影を残す一角となっています。

唯一生き残った都電荒川線
廃止を免れたのにはこんな訳があった！

都電荒川線は、荒川区南千住の三ノ輪《みのわ》橋電停を起点に、隅田川の南、山手線の北を回るようにして王子で京浜東北線と交差し、大塚で山手線の高架下を抜けて山手線の内側へ入り、新宿区早稲田に至る路線です。全長十二キロメートルに三十の電停が設けられ、約五十分かけてのんびりと走ります。

全盛期には四十一系統、総延長二百十三キロの路線をのばしていた都電ですが、昭和三十年代に入り自動車が普及し始めると、道路の一部を占有するために邪魔者扱いされ始めます。昭和三十四年（一九五九）に軌道内に自動車の乗り入れが認められると、都電は渋滞する自動車に囲まれ遅延が恒常化し始めました。いつ目的地に着くか予測できないため乗客離れが進み出し、赤字が増える一方となります。

そのため昭和四十二年（一九六七）、交通事業の財政再建計画の策定により、都電の廃止が決定されました。この年から撤去計画が始まり、まず品川～上野間の銀座線など主要路線の八系統が廃止・短縮されます。

都電荒川線

その後、毎年廃止が進んだ結果、わずか五年後の昭和四十七年（一九七二）には、二十七系統の三ノ輪橋～王子駅前と、三十二系統の荒川車庫前～早稲田の二路線のみとなってしまいました。昭和四十九年（一九七四）にこの二系統が一本化され、荒川線と改称されることになります。

荒川線が廃止を免れたのには、いくつかの理由がありま す。路線の九十パーセントが専用軌道なので、自動車の往来に影響されないこと。ほぼ並行している明治通りは渋滞が恒常的だったため、バス輸送に代行しても定時運行が困難であること。加えて、沿線住民ら利用客からの存続要望が強く、黒字運営が見込めるとの判断もありました。

現在はその懐かしさと、沿線の庶民的な風情が人気を呼び、荒川線に乗るのを目的に訪れる人も少なくありません。

池袋駅

池袋
いけぶくろ
目白　大塚
Ikebukuro

60階建てのアミューズメントシティのたもとの街に、戦後史の影と悲恋の寺を巡る

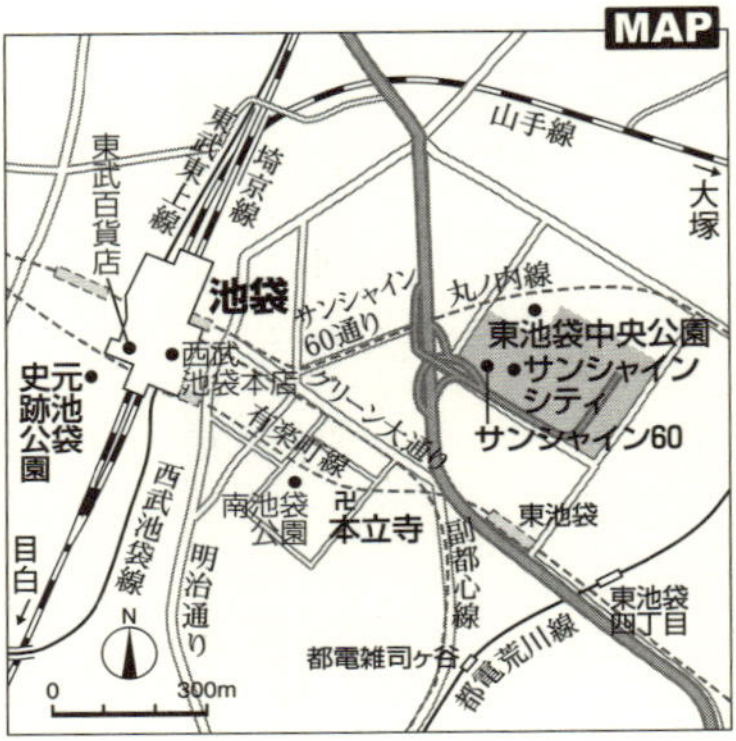

東口には西武池袋本店にパルコ、西口には東武百貨店にルミネの巨大な駅ビルがそびえ、埼京線に湘南新宿ライン、西武線に東武線に東京メトロ有楽町線が発着。東京の北西部のターミナルといえる池袋ですが、かつてこのあたりは地名の通り、湧水や池が多数点在する袋状の低湿地でした。地名の由縁である「丸池」は、西口を出て南方向、ホテルメトロポリタンがあるあたりにあり、一角の元池袋史跡公園に地名ゆかりの池の碑が残っています。

池袋のランドマークといえば、何といってもサンシャイン60でしょう。東口からサンシャイン60通りを経て十分ほど。劇場やプラネタリウム、博物館、水族館が集まった総合施設・

サンシャイン60と東池袋中央公園

サンシャインシティのシンボル的存在の高層ビルです。地上六十階、高さ二百三十九・七メートルで、昭和五十三年（一九七八）の開業当時は東洋一の高さでした。

ここはかつて、「巣鴨プリズン」と呼ばれた、東京拘置《こうち》所《しょ》があった場所で、第二次世界大戦後の極東軍事裁判（東京裁判）で裁かれた、戦犯の刑が執行されました。隣接する東池袋中央公園の一角に、「永久平和を願って」と刻まれた石碑が、ひっそりとその記録をとどめているのみです。

駅までの帰りはグリーン大通りを渡って、南池袋公園に隣接する本立寺《ほんりゅうじ》にも足を延ばしてみましょう。吉原の名妓だった榊原高尾《さかきばらたかお》太夫《だゆう》の墓があります。

A級戦犯の刑が執行された巣鴨プリズン その跡にある碑の由縁とは？

東京拘置所の起源は、明治二十八年（一八九五）の石川島監獄の誘致で、約六万二千坪（約二万平方メートル）の敷地に警視庁監獄巣鴨支署が完成しました。その後、巣鴨監獄、巣鴨刑務所と名が変わりました。

　巣鴨刑務所は関東大震災で被災し、昭和十年（一九三五）に府中に移転し府中刑務所になりました。このとき、敷地が三分の一に縮小されますが、ここに昭和十二年（一九三七）に東京拘置所が新設されました。拘置所とは、裁判中の被告が収監される場所です。戦後米軍に接収され、多くの戦犯を収容して「巣鴨プリズン」と呼ばれていました。

東池袋中央公園・慰霊碑

　東京裁判により裁かれた東条英機《とうじょうひでき》らA級戦犯七人は、昭和二十三年十二月二十三日にここで処刑されています。後に戦犯を慰霊する碑を造る計画があり、昭和五十五年（一九八〇）に碑が造られました。慰霊碑には「永久平和を願って」の文字が刻まれていますが、A級戦犯の氏名はありません。慰霊碑がある東池袋中央公園は、絞首台があった場所とされています。
　東京拘置所は昭和四十六年（一九七一）に葛飾区小菅《こすげ》に移転し、その跡に昭和五十三年（一九七八）竣工したのが、現在のサンシャインシティです。

榊原高尾を落籍した姫路藩のお殿様 その値段は体重分の小判だった⁉

本立寺は元和四年（一六一八）創建の、日蓮宗の寺です。墓地に入ると目に入る大きな五輪塔は、姫路藩初代藩主榊原政邦《まさくに》の生母、延寿院《えんじゅいん》の墓です。延寿院が墓所として以降、榊原家の奥方の代々の菩提所となり、昭和二十四年（一九四九）に代々の墓を一括してこの五輪塔に葬りました。

五輪塔にある「蓮昌院殿清心妙華日持法尼《れんしょういんでんせいしんみょうげにちじほうに》」は、吉原の遊女である榊原高尾太夫のことです。三代藩主榊原政岑《まさみね》は高尾を溺愛し、千八百両で落籍しました。一説には高尾を秤に乗せ、それと同じ重さの小判を積み重ねて身請けしたともいいます。高尾のために開いた酒宴の費用は、なんと三千両に及んだそうです（当時、一両は現在の約十～二十万円）。

このことが、倹約を旨とした享保の改革を主導する徳川八代将軍吉宗《よしむね》の耳に入り、怒りを買いました。政岑は隠居を命じられ、子の政永《まさなが》は越後高田へ国替えになります。政岑は高尾と高田に移り住みましたが、寛保三年（一七四三）に世を去りました。高尾は本立寺で政岑の菩提を弔いつつ、天明九年（一七八九）に生涯を終えています。高尾の単独の墓も、墓地の西にあります。

本立寺

本堂前の左手には、神木隊《かみきたい》戊辰《ぼしん》戦死の碑が立っています。上野戦争のとき高田藩の若者たちが、神木隊を結成して彰義《しょうぎ》隊に加わり、二十六名の戦死者を出しました。碑は大正十一年（一九二二）の建立です。

目白駅

目白
めじろ
高田馬場　池袋
Mejiro

ハイソな住宅街と文教地区を歩いて安産と子育ての神様にご参拝

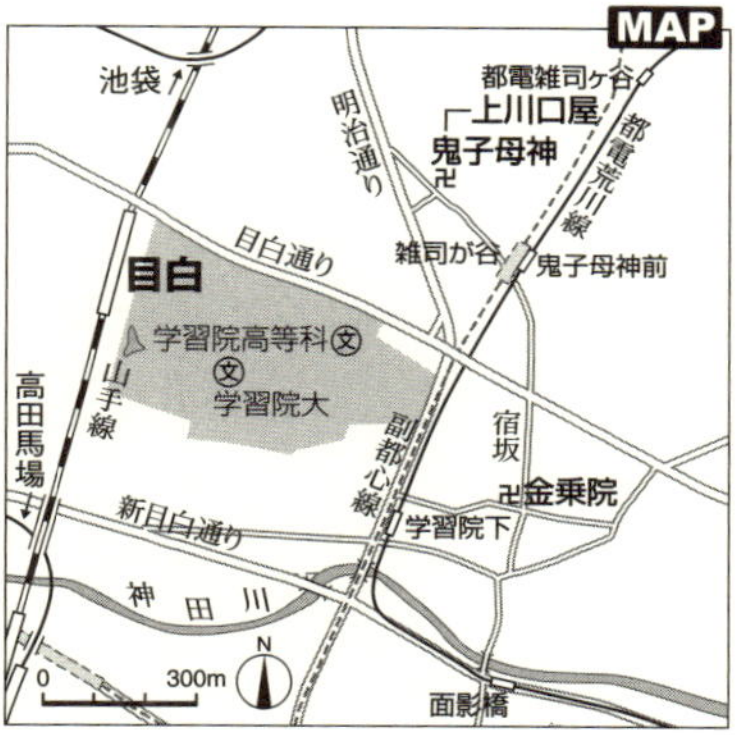

皇族由縁の教育施設が起源の学習院など、数多く集まる学校。かつては尾張徳川家をはじめとする大名屋敷や、旧華族の邸宅が建ち並んでいた高級住宅街。文教地区でハイソな目白のイメージは、そうした背景があってのことでしょう。丘陵地に広がる閑静な街並みは、散策をしていてもどこか落ち着いた雰囲気が感じられます。

改札を出て、街路樹が並ぶ目白通りを学習院大学のキャンパスに沿って進み、鬼子母神《きしぼじん》へと向かいます。雑司《ぞうし》ヶ谷《や》の鬼子母神は、永禄四年（一五六一）、雑司ヶ谷村の里人が清土《せいど》（文京区目白台）の田の中から鬼子母神像《きしもじんぞう》を発掘し、法明寺《ほうみょうじ》大行院の仏殿の傍らに安置したのが起源です。現在の鬼子母神堂は寛文四年（一六六四）に、加賀藩主前田利《まえだとし》常《つね》の三女満姫《みつひめ》の寄進により造営されたもので、豊島区最古の建築です。

明治通り側から入ると、正面の妙見堂《みょうけんどう》に隣接して鬼子母神堂が目に入ります。境内には樹齢六百年、樹まわり八メートル、樹高三十メートルの大イチョウがそびえます。都内では麻布の善福寺《ぜんぷくじ》のイチョウに次ぐ巨樹です。参道にある駄菓子屋の上川口屋《かみかわぐちや》は、天明元年（一七八一）創業の老舗です。江戸時代の川柳の「川口屋　帯が解けたと　いってやり」は、参道を帯の解けたのも知らずに歩く参詣人に、店の者が声をかけている情景を詠んだものです。店頭にきなこ飴や麩《ふ》菓子といった懐かしい駄菓子が並んでいるので、一服もおすすめです。

古い樹は樹齢四百年という参道のケヤキ並木から、都電の鬼子母神前電停を経て、かつて旧鎌倉街道の関所が設けられたという宿坂《しゅくさか》を緩やかに下ると金乗院《こんじょういん》です。不動堂にまつられた目白不動尊は、江戸五色不動（四七ページ参照）の一つに数えられています。

安産子育ての鬼子母神
その起源の神様は何と子供たちを……！

鬼子母神堂の中には、たくさんの絵馬が奉納されていますが、安産、子育てに御利益があるという鬼子母神信仰が広まったのは、江戸時代に入ってからです。伝説によれば、鬼子母神は古代インドのマガダ国の首都、王舎城《おうしゃじょう》の夜叉神《やしゃじん》の娘とあります。千人の子供を産みましたが性質は暴虐で、近隣の幼児をとって食べるので、人々から恐れ憎まれていました。

お釈迦様はあまりの振る舞いに、鬼子母神の末の子を隠してしまいます。そのときの鬼子母神のうろたえと嘆き悲しみは、大変なものでした。お釈迦様は、「千人のうちの一子を失うもかくの如し。いわんや人の一子を喰らうとき、その父母の嘆きやいかん」と戒めたところ、鬼子母神はいままでの過ちを悟り、その後、安産子育の神となることを誓い、人々に尊崇されるようになったといいます。

鬼子母神の参道にある上川口屋

鬼子母神・鬼子母神堂

お堂の鬼子母神像は鬼形ではなく、菩薩形。羽衣《はごろも》を身に着け、瓔珞《ようらく》

（装飾品）をかけ、魔除《まよ》けのザクロを持ち幼児を抱いた姿です。漢字表記の鬼子母神の「鬼」の字は、角《つの》が付かないという意で上部のとびだしのない「鬼」で表記をしています。

「ここだけの話……」が命取り
慶安の変が未然に防がれたのは、丸橋忠弥のこの一言から？

明治十八年（一八八五）、日本鉄道会社が品川と赤羽を結ぶ鉄道を敷設した際、目白不動尊の名をとって目白駅ができました。昭和七年（一九三二）に豊島区が発足したとき、この駅名から地名の目白が生まれました。目白不動はいわば、この地名の名付け元となった寺です。

金乗院にある不動堂には、地名ゆかりの不動尊が安置されています。初め関口台（現在の文京区関口）の新長谷寺にありましたが、戦災で焼失したため金乗院に合併し、目白不動尊も移されました。江戸五色不動とは、目のまわりの色から五つの不動尊をいい、目白不動は目黒不動とともによく知られています。

墓地には二万巻の書物を集め、青柳《あおやぎ》文庫を設けた儒医青柳文蔵《ぶんぞう》の墓や、慶安《けいあん》の変《へん》で処刑された丸橋忠弥《まるばしちゅうや》の墓があります。慶安の変は慶安四年（一六五一）、取りつぶしを受けて増加した浪人たちが軍学者の由井正雪《ゆいしょうせつ》の計画に加担した謀反《むほん》で、槍術の道場を開いていた丸橋忠

金乗院・山門

弥も参加しています。しかし、同志として誘っていた武士数人から陰謀の情報が、老中の松平信綱《のぶつな》のもとに報告され、未然に防がれてしまいます。丸橋忠弥は捕らえられて、鈴ヶ森で処刑されました（六〇ページ参照）。

北の丸の煙硝蔵《えんしょうぐら》に火をつける、江戸の各所で放火する。登城してくる老中たちを討つ。こんな計画を丸橋忠弥は「ここだけの話、貴殿だけお伝えする」などと言って、計画をもらしたといわれています。

高田馬場駅

高田馬場
たかだのばば
新大久保　目白
Takadanobaba

学生街の駅前を抜けて 二人の娘がまつわる 伝説の地名を訪ねて

高田馬場の地名の由来は、その名の通り、昔この地に馬場があったことからきています。現在の西早稲田三丁目が江戸時代の高田馬場跡で、一角には説明板が残っています。馬術の向上のために武士たちが住んだ町は、いまでは学生街として賑わい、鍛錬研鑽の地である流れを汲んでいるかのようです。

早稲田口出口から、飲食店が軒を連ね賑わう早稲田通りを直進し、明治通りから新目白通りへと入って面影橋《おもかげばし》へ向かいます。神田川に架かるこの橋、ロマンティックな名前に反して、その由縁には悲しい逸話が諸説あります。橋のたもとには、太田《おおた》道灌《どうかん》ゆかりの山吹の里伝説にまつわる碑もあります。川の両岸には桜並木が続き、あたりは江戸期には風光明美な名所だったといわれます。

明治通りへ戻り、戸山《とやま》公園へと足を向けましょう。通りを挟んで二つの地区に分かれ、箱根山地区には標高四十四・六メートルの、その名も箱根山があり、二十三区内で最も標高が高い山となっています。ここでは十月に、穴八幡宮《あなはちまんぐう》の神事である高田馬場流鏑馬《やぶさめ》が催されます。

太田道灌も感銘を受けた山吹の里で会った娘のしぐさの意味とは?

神田川に架かる面影橋の北詰には、「山吹《やまぶき》之《の》里《さと》」の碑が立っています。室町時代に、こんな逸話があります。

京から幼い娘を連れた武士が、この地に落ち延びてきました。土地の人の世話で後妻を迎え、間もなく妹が生まれます。二人の娘は成長すると、近所の人々は娘たちを皿にたとえ、美人の姉を紅皿《べにざら》、姉に比べると器量が劣る妹を欠皿《かけざら》と呼びました。

太田道灌が狩りをしていてにわか雨に遭い、雨具を借りようと立寄ったのが、この紅皿と欠皿の住む家でした。道灌は「蓑《みの》をお借りしたい」と願い出ると、姉の紅皿が庭の山吹の花を折ってきて、道灌にそっと差し出しました。

「山吹之里」の碑

雨を避けるものを求めたのに、花を渡された意味が分からなかった道灌でしたが、家臣から「それは『後拾遺《ごしゅうい》和歌集《わかしゅう》』の、『七重八重　花は咲けども　山吹の　実の一つだに　なきぞ悲しき』の歌から、『実の』と『蓑』をかけて、『悲しいことに蓑はありません』と山吹の花で答えているのです」と教えられました。古歌を知らなかった事を恥じた道灌は、それ以後歌道に励んだといいます。

この山吹の里伝説ですが、このほか荒川区町屋、横浜市金沢区六浦《むつうら》、埼玉県越生《おごせ》などにも伝わっています。

風光明美な面影橋の名は悲運の娘の映し姿が由縁だった！

江戸時代、面影橋から落合にかけての神田川沿いは、ホタル狩りの名所でした。『江戸名所図会《ずえ》』や、安藤広重《あんどうひろしげ》の『名所江戸百景』にも登場します。こちらは娘にまつわる、こんな悲しい伝説が伝わっています。

戦国時代、和田靭負という武士が娘の於戸姫《おとひめ》を連れて、京からこの地へ落ち延びてきまし

悲しい伝説がある面影橋

た。姫が年頃になると男たちから求婚されますが、父親が許しません。するとある男が無理やり姫をさらってしまい、そのショックで気を失った姫を死んだと早合点し、置き去りにしてしまいます。

翌朝、通りかかり助けてくれた老夫婦に姫は育てられ、やがて近所に住む武士に嫁ぎます。しかしあろうことか、夫の友人が姫を略奪しに忍んでやってきました。夫は殺され姫も連れ去られかけましたが、姫は長刀《なぎなた》で立ち向かい夫の仇をとりました。

次々起こる身の不幸を嘆いた姫は、神田川に身を投げてしまいました。その際、川面に自身の姿を映して、亡くなった夫のことを想ったと伝わります。

この逸話から、界隈は「面影橋」と呼ばれるようになったといいます。

戸山公園にある東京都内の「最高峰」はその名も箱根山！

戸山公園から都営戸山ハイツ一帯は、江戸時代には尾張藩徳川家の下屋敷があり、別称を戸山山荘といいました。この下屋敷は、三代将軍家光《いえみつ》の娘千代姫《ちよひめ》が尾張藩徳川家に嫁いだと

戸山公園・箱根山

きに、将軍家より下賜《かし》された土地です。千代姫が嫁いだのは寛永十六年（一六三九）で、数えで三歳。相手の光友《みつとも》は十五歳でした。

下屋敷は、二代藩主の光友が寛文七年（一六六七）～元禄七年（一六九四）まで、二十七年の歳月をかけて完成しました。元禄六年（一六九三）には藩主の隠居所と定められ、当時は小石川《こいしかわ》の水戸家の後楽園と並ぶ名園でした。

明治維新により官有地となり、屋敷と庭園は取り壊されて、四十四・六メートルの箱根山だけが残りました。箱根山は、かつて池を造った残土を積み上げた「玉円峰《ぎょくえんぼう》」という築山でした。明治四年に薩長軍の宿営所となり、明治六年（一八七三）には兵学寮の戸山出張所に、明治七年に陸軍戸山学校と改称されて終戦まで続きました。戦後東京都に移管され、昭和二十四年（一九四九）に戸山ハイツ千戸が建設されました。日本初の水洗便所付き集合住宅で、団地のはしりというべきものでした。

箱根山の裾にある「箱根山・陸軍戸山学校址」碑は、戸山学校跡地が都に移管されるにあたって、元陸軍戸山学校縁故有志一同が立てた碑です。

新大久保駅

新大久保
しんおおくぼ
新宿　高田馬場
Shinokubo

コリアンタウンの賑わいを抜けて さまざまな伝説が残る 社寺を巡る

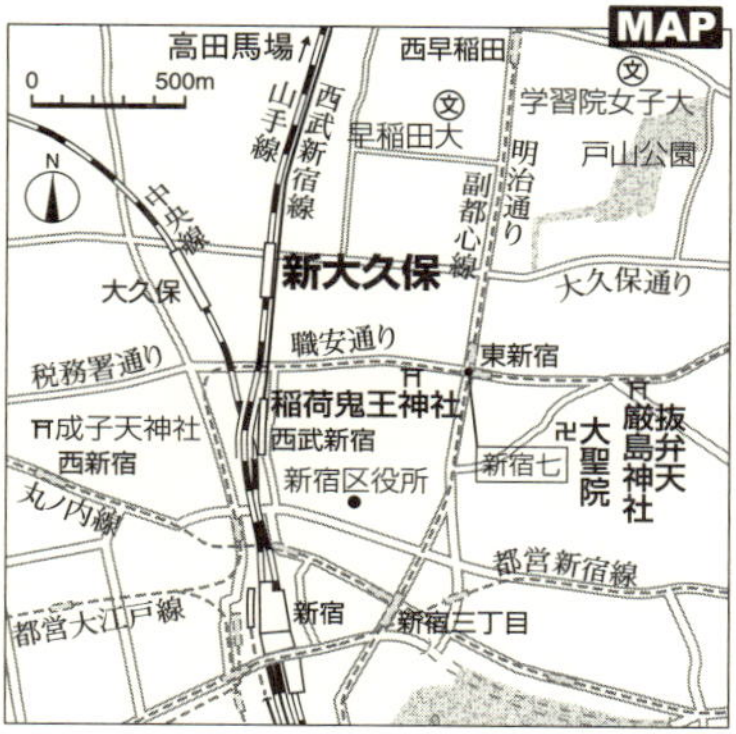

改札を出て大久保通りを東へ歩くと、沿道には原色のきらびやかな店構えの店が軒を連ねます。韓国料理店や雑貨、食材、タレントの店など、いまではすっかりコリアンタウンと称される賑わいで、歩いているとまるでソウルの街角にいるかのような気分になります。

異国情緒を味わったら、明治通りから新宿七丁目交差点を東へ。抜弁天厳島神社《ぬけべんてんいつくしまじんじゃ》は、境内を南北に通り抜けできることから、苦難を切り抜く御利益のある弁天社、いわゆる抜弁天として信仰されています。源《みなもとの》義家《よしいえ》が後三《ごさん》年《ねん》の役で奥州《おうしゅう》へ向かうときに宿営し、宮島の厳島神社をまつって戦勝を祈願し、奥州鎮定後にここに戦勝のお礼として神社を建てたのが由縁です。戦災で焼失したため、古い建造物は元禄十六年（一七〇三）の手洗石を残すだけです。

抜弁天の南にある大聖院《だいしょういん》の紅皿《べにざら》の碑に寄ってから、職安通りを西武新宿駅方向へ向かいます。途中にある稲荷鬼王《いなりきおう》神社は、厄除《やくよけ》福寿の御利益があります。境内の恵比寿《えびす》神社は、抜弁天厳島神社とともに新宿山の手七福神に数えられます。

山手線と中央線のガードをくぐってさらに進み、成子天《なるこてん》神社（一六ページ参照）にも足をのばしてみましょう。北参道から入ると本殿を中心に、境内には末社や富士塚などが並びます。合格祈願と厄除け祈願の神様で、新宿西口の高層ビル群を見上げながら参拝すると、まさに都心のオアシスといった雰囲気です。

江戸時代、新宿のど真ん中に広大な犬小屋があった⁉

抜弁天厳島神社は、徳川五代将軍綱吉《つなよし》が出した「生類憐み《しょうるいあわれ》の令」にゆかりの深い社です。

綱吉は元禄二年（一六八九）に、世継《よつぎ》の徳丸を亡くしました。生母が帰依した僧が、綱吉に男子が育たないのは、前世に殺生を好んだからだといい、戌《いぬ》年生まれだから犬の愛護をすすめられました。こうして、極端に生き物の殺生を戒める法「生類憐みの令」が、貞享四年（一六八七）に出されました。

抜弁天厳島神社

法に基づき、飼主がいない犬を収容するため、元禄八年（一六九五）には中野に十五万坪（約五十三ヘクタール）、大久保に二万五千坪（約八ヘクタール）の犬小屋を設けました。抜弁天厳島神社と周辺も犬小屋の敷地で、最盛期には四万二千匹の野犬を収容したとされます。

宝永六年（一七〇九）に綱吉が亡くなると、生類憐みの令は廃止され、六代将軍家宣《いえのぶ》のときには犬小屋も廃止されました。

優秀な部下は上司に妬まれる？ 太田道灌の末路は思わぬ形で……

太田《おおた》道灌《どうかん》は室町時代の末期、関東管領《かんとうかんれい》を務めていた扇谷《おうぎがやつ》上杉氏の家宰《かさい》（家長に代わる立場の者）でした。本家的存在である山内上杉氏との勢力争いに尽力、貢献してきましたが、主君の上杉定正《さだまさ》は道灌の威光と人望が高まったことで、かえって不安になりました。下剋上《げこくじょう》で自身にとって代わるのではないかと、心配したのです。

文明十八年（一四八六）、定正の屋敷に招かれた道灌が入浴していると、刺客の曽我兵庫《そがひょうご》が槍で襲ってきました。まさに首をかき切られんとしたとき、道灌は槍をしっかりと握りしめ、「かかる時 さこそ命の おしからめ かねてなき身と 思い知らずば」（自身は常々、死んでしまうであろう身だと思っているから、命は惜しくはない）と辞世の句を詠み、死に際に「当方滅亡」（私が死ぬと扇谷上杉家も滅する）と発したと伝えられます。

道灌は、山吹の里に狩りに行ったときに出会った紅皿《べにざら》を（一七三ページ参照）、江戸城に呼び寄せて歌の友としていました。道灌の死後、紅皿は道灌の菩提を弔うべく尼となり、大聖院に庵を設けて暮らしました。死後はここに葬られ、境内には伝《でん》紅皿の墓もあります。

稲荷鬼王神社の手水鉢には水浴びして斬られた邪鬼の怖～い伝説が！

稲荷鬼王神社の境内に入ると、変わった形の手水鉢《ちょうずばち》が目に入ります。しゃがんだ邪鬼《じゃき》の頭の上に鉢がのっており、何ともユーモラスな見た目です。

この鉢には、江戸時代の文政の頃（一八一八～一八二九）にこんな逸話があります。ある武家の井戸端で、人が寝静まった頃になると、毎晩誰かが水を浴びている音がします。怪し

稲荷鬼王神社・手水鉢

んだ主人はある夜、水浴びしている人影を目掛けて斬りつけました。
手ごたえがあり翌朝井戸端に出て見ると、手水鉢のこの邪鬼の肩に刀の傷跡がついているではありませんか。それ以来、水浴びの音はしなくなりましたが、家族に病人が次々に出てしまいます。邪鬼に斬りつけた報いなのでしょうか。主人は手水鉢を稲荷鬼王神社に奉納したところ、病人が出なくなりました。
この神社は、戸塚諏訪神社の福瑳《ふくさ》稲荷と、熊野の鬼王権現を合祀しており、日本で唯一、社名に「鬼」の文字が入る社です。江戸時代から、豆腐を供えれば湿疹や腫れ物に効能があるともいいます。

〈山手線謎解き街歩き・参考文献〉　※順不同

『東京史跡ガイド』（学生社）（①千代田区、②中央区、③港区、④新宿区、⑤文京区、⑥台東区、⑨品川区、⑩目黒区、⑬渋谷区、⑯豊島区、⑰北区、⑱荒川区）
『萬年山』（勝林寺）
『増上寺』（大本山増上寺）
『東京の地名考（上）』（朝日新聞社）
『東京アーカイブス』芦原由紀夫（山海堂）
『東京名所今昔ものがたり』黒田涼（祥伝社）
『東京の橋』石川悌三（新人物往来社）
『東京の旅』松本清張、樋口清之（光文社）
『東京名所今昔ものがたり』黒田涼（祥伝社）
『東京の坂道』石川悌三（新人物往来社）
『新宿区の文化財（8）景観』新宿区教育委員会
『新宿と伝説』東京都新宿区教育委員会
『散策マップしぶや』渋谷区役所
『代々木公園』（郷学舎）
『港区文化財のしおり（国・都指定文化財編）』港区教育委員会
『旧新橋停車場リーフレット』鉄道展示室
『みどりの散歩道　不動コース、目黒川コース』目黒区役所
『角川日本地名大辞典・東京』
『地図と愉しむ東京歴史散歩　地形編』竹内昌浩（中央公論新社）
『山手線29駅ぶらり路地裏散歩』舘野充彦（学研）
『江戸三百藩まるごとデータブック』（人文社）
『真説の日本史３６５日事典』（文芸春秋）

『明治百話（上）』篠田鉱造（岩波文庫）
『幕末歴史散歩　東京編』一坂太郎（中公新書）
『江戸の事件簿』加太こうじ（立風書房）
『江戸東京物語　都心編』（新潮社）
『江戸東京物語　上野・日光御成道界隈』（新潮社）
『実録四十七士』（学研）
『山手線は廻る』（揺籃社）
『駅名で読む江戸・東京』大石学（ＰＨＰ新書）
『史実江戸（壱）』樋口清之（芳賀書店）
『江戸の大名屋敷を歩く』黒田涼（祥伝社新書）
『学問の神さま』（鎌倉新書）
『人物日本史』（主婦と生活社）
『にっぽん奇行・奇才逸話事典』紀田順一郎編（東京堂出版）

〈雑誌〉
『東京文学探訪　明治を見る歩く（上）』井上謙（ＮＨＫ出版）
『東京人』ＮＯ３４９、３４０、３１４（都市出版）
『歴史読本』一九九八年一月号（新人物往来社）
『歴史と旅』一九九九年二月号（秋田書店）

〈ＨＰ〉※ほか各関連ウェブサイト
旧新橋停車場　鉄道歴史展示室
慶應義塾大学
日本銀行
雑司ヶ谷鬼子母神

著　者

清水克悦（しみず かつよし）

歴史と旅のライター。カルチャーセンター野外講座講師。旅行会社ガイド。主な著書に『横浜謎解き街歩き』（小社刊）、『神奈川歴史探訪ウォーキング』(メイツ出版)、『たっぷり鎌倉歴史ウォーキング』（水曜社）、『江戸東京歴史探訪ルートガイド』（メイツ出版）、『戦国の城を巡るベスト100』（インターナショナル・ラグジュアリー・メディア）など。主な主宰講座に地理歴史研究会「鎌倉みちを歩く」、朝日カルチャーセンター「武蔵野散歩」、よみうり文化センター「城を歩く」、サンケイツアーズ「山手線一周大江戸・東京探訪ウォーク」など。横浜市在住。

※本書は書き下ろしオリジナルです。

じっぴコンパクト新書　263

JIPPI Compact

ぐるり29駅《えき》からさんぽ
山手線謎解《やまのてせんなぞと》き街歩《まちある》き

2015年6月15日　初版第1刷発行

著　者……………清水克悦
発行者……………増田義和
発行所……………実業之日本社
〒104-8233　東京都中央区京橋 3-7-5　京橋スクエア
電話（編集）03-3535-2393
　　（販売）03-3535-4441
http://www.j-n.co.jp/
印刷所……………大日本印刷株式会社
製本所……………株式会社ブックアート

ISBN978-4-408-00873-8（学芸）